墨子

洛陽白馬寺

洛陽白馬寺

惟東漢孝明皇帝永平七年歲次甲子帝勅郎中蔡愔中郎將秦景博士王遵等一十八人西尋佛法至印度國延迦葉摩滕竺法蘭用白馬馱經幷將釋迦畵像以永平十年歲次丁卯至於洛陽帝悅造白馬寺譯四十二章經是爲佛教東流之治

易水送別圖
淵明詠荊軻其
結語云惜哉劍
術疎奇功遂不
成其人雖已沒
千載有餘情
蓋深傷之也
百衣

恭賀新年

河南編譯部
大河書局

同人公叩

社告一

本報甫經發刊深荷海內外同胞歡迎銷售之暢實非同人之所及料從此一往直前益當奮勉努力逐漸改良外期有以聯絡各省之感情內則發揮河南之特色故擬將吾豫歷史地理學術民生之故以及物產之豐耗禮俗之異同並各處教育實業商務之現狀詳搜博采闡發幽潛以供討論國聞者之助惟是吾省面積廣袤交通阻閡數人精力慮有難周念吾豫父老諸兄不乏博見洽聞留心時局之士伏希各將本地情形隨時訪探函告敝報一經刊登即以本期雜誌奉酬如能按月投函即以敝社訪事員相待此佈

社告二

按本報定章原於每月朔日發行初期因急欲發刊以快時望特於定期之前早挪十日現因又組織二十世紀之中國女子一切事務不免遲延故自第二期起仍改爲每月朔日發行決不愆期以副諸君愛讀之雅望此佈

社告三

本社編譯部及本報發行所已於月初遷移於日本東京府下豊多摩郡淀橋町大字角筈八十二番地凡與本社往來函件請直寄交該處是荷

論著

世界競爭之趨勢及中國之前途

止觀

陟昆侖以相九州陸壤紛披外環碧海自生民之朔以洎于今立國于玆者凡數十百然興廢無恒覆亡相踵今所存者僅數十國復洮汰其小弱六合以內只六七雄邦而已然溯厥崛強仆滅之由亦曰生存競爭之天則趨之俾無容已雖蠻觸之鬩不足喻其愚然大宇長宙之間其自然之趨勢已實如此雖有聖哲亦莫可如何者矣故夫人羣者競爭之動物也草昧始啓慾望滋開衣食住三大問題遂認爲生活上之必要始則人與獸相殺繼則人與人相搏然个人之力甚微且不能不相需而爲養于是團而爲羣既蛻蠻夷進爲宗法最後遂演爲今日之國家至國家之形體成而競爭之禍滋益烈矣故今日欲卜大地民族之興仆一視夫其國家競爭力之

優絀以爲衡而欲建立強固之國家尤視夫其國民責任心之強弱以爲劵西瞻埃及之都尼廬如帶文明所被逮於今玆然國士邱墟讀歷史者僅得于上古文化之餘低回於其金塔豐碑之蹟他若希臘羅馬或植文學之叢藪或開法理之先河今胥闃寂無復聲臭降至印度之民亦已下列輿儓不能復振之諸國者皆所謂世界文明之源泉也何以摧落式微如此亦以其民族浸淫于哲言名理者深故思想遂非國家所能範圍是以對於國家之觀念也薄而責任心及競爭力乃寖以消亡也今宇內古都僅餘吾國文化發達與希臘羅馬略同環我而國者自東徂西暨于南朔莫不被吾聲敎無足與我等夷者又山川阻修交通四阸且久處統一之世雖數更喪亂不旋踵即底於數年故人民喜靜惡動已成天性其學說所留詔地理之大勢與夫歷史所演進者皆足爲專制政體之資糧而莫可或掩其龐然自足勢實使然彼歐洲列強其國勢民習與我適爲相反即一爲進取有爲之民族一爲固蔽不化之國家故交綏以來而勝負之數遂判若星淵也今國際競爭益形偪切稍一猶與即召滅亡安可不就此問題而推其所屆乎

夫今世所謂競爭之表現者爲經濟問題而與此問題以實行者植民政策也蓋歐洲自十五世紀以來所謂黑暗時代之運命既已告終而文藝復有勃興之兆社會組織大爲活潑人心遂因而振厲冒險進取之氣披靡全歐適土耳其崛起于其時大爲東西兩洋交通之阻于是歐人遂基于羅盤針之發明及航海術之進步汲々于新航路之發現而葡萄牙遂突起而開植民之幕矣

夫歐人從事於植民之事業。實以葡國爲前驅。溯其源因。一則爲直接以侵委尼士東洋獨占之商業。一則爲遠征摩哈墨德之教徒。至葡王亨利。奬厲航海之熱心。亦其原因之一也。然葡國領土雖多。而商業衰頹。統治不善。遂日呈萎靡之象。致兆植民帝國瓦解之因。其影響于葡國國勢之消長者。蓋至鉅也。繼起者西班牙。始開東印度植民之端緒。一時版圖遍於大陸。次西班牙而起者。爲荷蘭。漸奪廣大植民地于西班牙之手。佛英踵起而荷蘭衰。然彼此齟齬。英法遂起七年之戰。終結巴黎條約。拉丁民族。究非條頓之敵。故大不列顛。今日遂擅植民之覇。佛之經濟大家路巴波留曰。凡于世界富有植民地者。即世界最强之國也。遠覽荷蘭。近觀英吉利。能無味乎其言。至于美處西方素守門羅之教典。領土經營。似非宜亟。然鑑于帝國主義之所趨。雄心終難抑遏。自合併布哇飛列賓以來。擴張軍備。而伸其遠蹠高掌之雄圖。德意志聯邦統一之勢既鞏固不可搖。俾士麥亦遂以植民之木鐸自任。近者商工業既勃然而興。殖民界乃具突飛之進步。後起之銳。其行動之活潑。殆極可驚也。邇者以還。日本勃起于扶桑。乘戰捷之餘威。殖民論盛倡于朝野。于一方經營滿州。一方渡航北米。致移民問題釀成國際上重大之交涉。殖民政策。顧如斯其重矣。蓋各國人口增殖。與經濟界發展之狀態相逼而來。遂不得不衝決世界之平和。爲領土拓張之舉。利害所關。極爲密切。衝突之端。時所不免。故海陸戰爭。亦原于此政策而來也。英杜之戰既然。西米之戰亦然。即最近日俄之戰。亦莫不然。噫嘻、殖民政策。顧若是之酷烈也哉。吾將進而研究其性質。

關于殖民事業之學說。其種別甚繁。而大要不越乎二種。(甲)定住殖民地。(乙)起業殖民地。定住殖民地者。由本國移住人民。將其土著驅逐之、或殲滅之。遂領有其土地。而從事于生業者。如加拿太、澳洲、非洲之好望角殖民地、是其例也。起業殖民地。復區爲三種。(一)商業殖民地。(二)農業殖民地。(三)工業殖民地。商業殖民地者。在拓充本國經濟之勢力。以本國商人運輸本國貨物而占居他國交通便利之地以通商貿易爲目的者也。蓋商業既盛。則利益自大而權力因以擴張。如荷蘭領東印度藉商業團體之力。而收殖民之効果是其例也。農業殖民地者。係移民于開化幼稚之地。而從事于栽植耕稼爲目的。如昔之米利堅今之澳大利亞西印度諸島是其例也。工業殖民地者。以開發礦產開通鐵道採伐森林以從事于製造各業爲目的。如埃及、非利賓諸現象。是其適例也

夫殖民政策之區別既已若是而各國之滅人家國也遂亦準此二種而進行一爲軍事上之活動即直接以兵力占領其土地驅逐其人民是也故甲種之殖民地亦謂之征服殖民地一爲經濟上之活動即間接以資本吸收其主權是也故乙種之殖民地又謂之投資殖民地然尙有立于其上而收効果亦克與軍事經濟相等或駕乎其上者即外交上之條約是也土地人民爲國家有形之要素故其亡也忽而爲婦孺之所易見統治權爲國家無形之要素故其剷也漸雖賢智有所難知質而

言之則前者可謂爲鯨吞政策後者可謂爲狐媚政策相其目的物方面之難易二者相互而爲用其歸宿之點則無不同侵畧國以此政策爲侵畧之利器被侵畧者亦能以此利器沮禦之則其勢即趨於平衡否則即歸于覆滅無或爽者故自此政策萌蘖以來歐州孱國當之靡矣米洲當之靡矣非洲當之靡矣澳洲當之靡矣印度當之靡矣安南高麗當之靡矣今已萬馬齊首飛集于我神州既已使我國力衰頽而不振今所謂均勢問題日益圓滿吾人于此若不亟起而研究之或僅研究而不能解決之則人必有代吾研究而解決之者他人既代吾負研究解決之義務于同時亦必享有此權利至各國取有此權利之時期是即吾人聲嘶氣盡爲奴爲馬之時期也雖然吾人欲解決此問題亦必須乞靈于兵力與外交吾思之吾重思之蓋不能不疾首痛心于今日之惡劣政府矣

以言其兵力則鴉片之役大沽天津之役甲午之役既喪師如彼以言夫外交則南京條約北京條約愛琿條約安南條約以及各租借地等條約又辱國如此創鉅痛深瘡痍未復而盈廷士夫猶泄泄如故不惟不思振厲自存且媚外殃民較前尤慘

致國事瞀亂不可爬梳數年以來蒙專制以新政之皮以淆我同胞之視聽弊竇百端寸効未睹究其用心路人皆見聞者疑吾言乎願畧舉其所謂新政者與同胞一商榷之。他不具言請即教育軍政警察商務諸犖犖大端論之。

夫教育之於國家。猶人之需飲食衣服。其不可一日或缺。因不俟談。而于我國今日則尤爲重要然政府之意其思想手段固不與常人同前此則久延科舉而不廢今名雖廢之而實則寓科舉之精意于學校之中幷行科舉于學校之外名爲網羅人材實則消磨氣節究其眞意之所存亦爲國人所共喻無庸喋喋者尤可異者既立學部于京師各省復有提學司之設。而設立以來于教育上並未聞有若何之建白。蓄中多濫竽之人。不知教育爲何物。觀其所訂教科書之荒謬他可推例而知乃獨于學生之衣服冠履定制必嚴。一若國粹所存端賴于此悖古戾今。貽譏萬國。又于民立學堂。設種種之限制。幾欲收全國之教育爲官有。不知出資財者胥爲吾人之膏血。被教育者亦吾同國之人民。而乃畫界分疆如此者其用心不過欲吾同胞自相屠戮耳。而官立學校之中。又多設總辦會辦提調諸可笑名目。以爲位置私人之計。其內容之敗壞。實不堪言。尤可痛者。縣立虛名。希圖保舉。有月領薪俸若干。而學校實尙無基址者。現狀如此。歷歷非誣。今試任舉一省學校設立之總數及學生名額。以質之學部及該省提學使。吾知其舌撟然而無以對也。形勢如此。奚問精神。哀我同胞。徒多一重負擔而已。

至其對于練兵事業。惟知以防內亂爲鵠。他非所問。觀于近日江浙各省。士民集會。彼乃欲以兵力迫壓解散之。其用心益昭然若揭。且欲削除各省之力。大集權勢于中央。究之無其力亦無其材。其醜迹適以大昭于天下。至各省軍制。亦致龎雜而不統一。且兵士智識之低。尤爲可慮。其以勇武喧傳于各報紙者。則有打劇館酒樓之歷史而已。至徵兵之制。各國所賴以致盛強者也。乃一行之吾國。則致互相毆殺。今其慘劇。猶遺于吾人之腦蒂間也。彼歐米之良法美意。至吾國則變爲厲鬼惡魔。若殆不止軍事一端也。至一軍之統率。猶貴得人。否則其害不堪設想。今握有兵事重權。如某某某某者。其猥賤無學。實吾國人所共認也。嗚呼。天步艱難。如阪九折。而全國命脈。與國人之生命財產。乃寄託于此輩之手。吾不知涕泣之何從矣。今與復海軍之議。又囂然于國內。窺以用意。不過欲多覓一項新政名目。以爲斂財地步。豈眞鑒于國務之危。而作保障國基之想哉。夫海軍恢復之爲重要。在愚夫愚婦識其當然。吾人豈忍貿然反對之。特夫惜建議恢復海軍者之非其人也。

至若警察。爲內務行政之一機關。其影響于國家者至鉅。維持國家之安寧。保護人民之幸福。胥于此焉是賴。亦爲新政中之不可缺者。今試游于通都大衢。凡警察已設之地。汚惡不治。道路不修。大風揚塵。穢毒滿街。一與疇昔無異。盜賊橫攫于白晝。莫之能禁。風火時警。無術消防。疾病死亡者。相望于道。莫之或恤。所謂保安所謂衛生者。豈彼所能夢見耶。都會如此。鄉鄙僻邑。何堪說矣。爲巡警者。槪皆游博無賴之徒。服制離奇。倚市門而嬉人妻子。甚者且爲盜賊。至于相毆者徧于市。婦孺相詈不絕于耳。彼乃木然若罔聞見者。此其于至淺顯者猶如此。至若道里戶口之事。更非彼輩所能與知矣。現狀既已若此。則主持其事者之能力。可測而知。近乃愈出愈奇。而有偵探學堂之設。任用宵小無識之徒。使之偵探國事。以致告密之風。徧于江表。毒痛士民。莫玆爲甚。誠可太息痛恨者也。至東三省之巡警規則。媚外失權。尤爲人所共見。嗚乎。此亦新政之一斑耳。

至若商部之苛虐商民。尤爲可痛。前此之關卡之弊。稅政之苛。姑不覼縷。而近來苛有大利所存。彼即藉新政之名。以與吾儕爭利。不曰官商合辦。即曰官督商辦。不知曰合、則彼無貲財。曰督、彼亦無能力。不過以赫赫威權。强迫吾人而已。今且無徵之遠。即最近之蘇抗甬問題。其昭昭也。夫此路之爲商辦。碻有成案可稽。今政府欲便私圖。强制江浙同胞借英巨款。嗣以江浙不認。民氣大張。彼乃陽令選擧代表入都。陰爲箝制人民地步。今此問題發生以來。既已數月。如此。尙未聞有若何之解決。于此之時。所謂商部者。不能據理抗言。以爲商民之保障。反助桀爲虐。抑勒平民。哀我同胞。呻吟憔悴于虐政之下者。旣亦有年。今猶宛轉隱忍。不思奮臂興起。以求一當。奴隸之辱。靡有旣矣。噫嘻。根株不正。而徒披其枝末。並吾今玆所譚。胥無當也。

綜而觀之。現政府自行新政以來。胥外託文明。陰行專制。其新立机關有所謂學部者。乃藉以銷磨士氣者也。所謂陸軍部者。乃藉以魚肉平民者也。所謂郵傳部者。乃侵害書信自由者也。所謂外務部者。乃藉以媚外賣國者也。其他大盭巨謬。不可殫說觀其名目非不煌煌然聳人視聽而究其內容罔不與其原理大相剌謬蓋其所謂新政所謂改革者皆爲被動的而非自動的故其設立机關之意不過曰此乃文明國家所應有者我亦不可不備一格云爾不知其結果可以亡國滅種而有餘也今吾國既陷于四面楚歌之中危機一髮賢桀之民相對虗歎冀戈揮落日使神州不下儕亡國之林于是絞腦漿瀝心血而研究吾國今日存亡一問題其結果亦不外乎政治革命而已然欲舉此非常之業非竭全國國民之力以赴之不克爲功既非三數代表可以代謀更非從事要求所能爲力故其進行之方法及結果之良窳還當問諸國民之自身蓋國也者合民而成且隨人而爲發達變遷者也么匿不善拓都斷無能自即于良此自然之例無可逃者歐洲列强其克橫飛于大地者亦基于民力耳吾國民久處專制政體之下國家之事胥委之少數頹廢之官吏一統之世則任其殃民交通之世則任其賣國故今日陷吾國于九淵而不能振拔者皆官治爲之也今欲反之而復其權于國民舍民治何以哉

夫民治者國民能力發達之試驗場而發揮國家之光輝與元氣之源泉也故波爾

杜巴曰『各種團體之發達導源于家庭而與國民共休戚之第一家庭者民治也』故民治爲社會之明鏡其勢力之消長關于國力之興衰固非等于尋常之業也夫民治所荷之天職在能發揮國民之品性與活力而就于財政與風俗尤須經營善導之俾爲積極之進步故民治完全之國家其國民所養成之政治能力也偉故其拓爲國家之競爭力也强大地各國莫不同然吾同胞曷勿急起直追以從事于此途也哉今請先述歐洲民治之趨勢以爲前事之師資次論吾國民治之方法以爲實行之豫備。

歐洲自中世紀以來其君主及諸侯權力甚弱不能舉統一之實爲之民者遂割據一方獨立而講防衛之政其勢力之强殆與諸侯相抗至十九世紀之初政權漸有集中之勢洎乎中葉人口漸增而民力之發達亦劇民治之運于是復活普魯士即其一也。

普國之市邑率先歐洲各地方團體而開活動之氣運故其行政方針。比于英佛二國進步爲速顧其民治之再興實基于千八百八年地方制度改革之業邇者以來。

益呈勃興之象格思勒爾曰『民治者國民與國家間之連鎖也而創此連鎖之最健全者歐洲之中自普始耳』蓋當時封建政治獨逸北方殆行絕蹟庶民竭力以參公務握有實權然其國民社會之裏養成一種之公共愛國心實其民治發達之所由來也推其公心勃發之原殆有二種(一)普法戰役之後國民基于戰勝之餘光以增進國力爲必要故于地方行政之事業而注重全幅之精神(二)然其時產業上之進步尚遠不能追踪英米且私人之資力不足尚不能應于文明之趨勢而爲必要之經營故凡關有于社會利益者寧由團體之力行之之傾向也而其地方團體復有二種特長即彼等于公共事業必先就其經營之方法依于學理而爲最周到之審查使之毫無遺算旣有成策即排羣疑衆難而行之此其一也又其行政之組織必網羅專門技能之人材以當其任故住民對于公營之事深信不疑此其二也要之獨逸民治之事其要訣在乎採任相當之人物使能勝任而愉快故其於救濟銀行保險以及其他公共制度必通于各方面增其幸福也

佛蘭西當拿破侖帝政時代中央集權最盛雖于時民治頗有退步之觀然依于千

八百八十四年之自治制度而呈復興之兆今其民政範圍畧同于德然行政之發達微覺不逮與英殆可相伯仲耳佛之自治行政其于學術上之研究較德亦有遜色然于吏員之組織則專擴充技能尊重主義又與獨徵相似也米之公法學者伊東曰『佛國市邑之議會自普通選舉法實施以來固多失專門有識之士然其選專門吏員之時則採用最嚴格試驗之制度殆足償前失而有餘』佛之民治其秩序之整善者固在于此而其對于地方財政之豫算監督之愼密尤可師耳

英國之民政至于近世其進步最著然攷其發達之順序比獨佛二國有稍異其趣者試畧言之蓋英國中古之世歷代政府務抑制自治市民之活動使之屬于王權爲方針而自膺官選之名譽縮小公民之範圍國民抑壓不堪遂促起千八百五十三年之改革都市公民之獲得參政權蓋自玆而萌蘖迨于一千八百八十二年有市政改正之擧而民治發展復進一步儞來村邑民治亦倣都市而引張其權限之範圍英國之民治制度其發展之順序有如此者而不知其所經歷之特徵有足爲吾人注意者即所謂『議會之立法的認可權』是也

于英國都市中。如彼最有名持進步主義之格拉斯哥市者。其于各方面所經營之事業。雖有多端。然必悉經議會之認可。始得施行。如千八百年之都市再興以來。其所積之條例。實至二百五十餘條之多。此佛人弗蘭克比由特別調査而得者。要之英國民政之範圍。弗如獨佛之依于概括委任主義。乃採法律指定主義者也。雖然。彼英人者安能常抑々于此主義之下者哉。故至近世而方向一變。即排斥『議會認可之制度』而創立『行政的監督之制度』是已。自此制一定。英國民治史上。遂啓一新紀元。而勃盛之端。于玆而起。有爲吾人所可注目者。即千八百三十四年。於救貧條例之改正。爲監督制度實行之第一期。嗣于公共保健條例之發布。爲其第二期。至千八百七十五年。地方平民敎育。依于國庫補助制度之擴張。而更開生面。是爲監督制度實行之第三期也。澳之學者列多利曰。英國依監督制度而興之事業。其範圍汎博。其實遙廣于其名。殆由獨人所謂社會的福利行政之理想而起耳。如上所論。英國之民治。比獨佛二國。其進步雖甚緩滯。然自監督制度實施以來。依于奬厲助長之作用。頓呈活動之機。較之列强。有有過之。無不及者。不可

謂非英國民治史上之異彩也

米國雖以民主國自居至其自治行政乃採中央干涉之制故較之歐洲大陸其民治則稍爲不振此事實上之不可掩者致其內容比英國前此之固守議會干涉主義者爲尤甚寧非異數耶米之民治雖以英爲母法之國然與英異其旨趣者約有二端蓋英自行監督制以來頓促民治之進步然于米國所謂行政上之監督制度者殆不可見其對于地方團體全採議會干涉主義故中央政治波動之機其勢常延于地方之行政甚至中央議會發意外之條例强使民治團體從事于不急之業此與英國之異點一也次則行政之運行多不免于拙劣此其原因非他蓋其于當局之機關缺尊重專門技能之主義此種事實不惟遜于佛而且瞠乎英之後至較之于德更立諸相反之地步矣且其各當局之机關多不依給俸制而採報酬制復任期日淺雖有技能之士亦不克展其材視獨佛之都博識之士膺民政而任以終身者殆未之見此其與英相異之點二也

米國民治之缺點雖如此然其富力膨脹之可驚殆爲各國所不可多見其有人口

二萬五千以上之都市已百有六十。十萬以上之都市亦達四十之多。其都市中有爲學術之淵叢。而善政可垂爲範則者。坡士頓是也。其市長馬修士嘗曰『中央政治之問題。雖可聳動世人之耳目。然與吾人之休戚有直接之關係者。市邑之經營也』近者米人之究心民治者漸多。欲一洗前此之弊政。常爲大言曰『宇內文明有盛衰之運。歷史人事不免榮枯之變。殆時海潮漲退。朝夕如環。吾人則希冀民治之業。伴于一國之潮流。俾有進而無退也』其自期之高如此。使能基此理想而實施之。則米國民治之前途。殆高出大地矣。

此外尚有爲吾人所宜注意者。則匈牙利之民治是也。匈與奧種族不同。歷史上常演分離之兆。匈之志士仁人。常抱復興之志。故其民富于獨立氣概。百事有進步之風。邇者其自治之活動。頗顯殆有聳駭一世之觀。蓋基于全國民心奮振之餘。冀一發揮其興國之理想。少年國士。競集于首都。而展其闊達之材。市民志氣勃蔚。靡然向風。益傾注于社會公益之業。計畫既周。交通復活。其將來之偉業。正未可量也。露西亞爲歐洲大陸專制之惡魔。雖行民治。然行政不靈。殆無足採。村邑之中。僅遺

『密耳』之制『密耳』者小天地之意也至若都市全與村邑異其撰露人有恒言曰露國村邑有民治而都市無之又曰萬能之君蒞于上自治之民在于下此露國固有之政策也本此所論可想見其民治之一斑耳

視上所述則各國民治之趨勢及其關係槪畧可窺然其發展之根元無不基于國民愛國心之厚薄以爲優絀太上如德最下如俄莫不各有其所以然之故夫民治之基礎尤必基于一國中流士民之力民治之興廢繫乎中流民公德之淺深俄國民治沉滯不進者實以其中流民發育最遲且公德極弱之故此世之所公認也蓋國民苟無公德之精神則無往而不逞其私慾充其弊害所及必釀爲國家之大患米之哈爾遜嘗慨人民公德隳落而民治之發達無由輒題爲「理想之民治」而發揮其說中有云『國民同棲息于一國之內利害相通宜使風氣質樸身軀康樂子弟悉從事于良善教育之途人民勤儉力行共厲其業有自營之志無涼薄之風富而無傲貧而益勞通各團體有協同一致之精神負國家之責任增世間之公益以此爲無上之名譽此則民治之好模範也』蓋國民政治之要義究以箇人之性格

爲歸墟如地球之有軸地球據軸而廻旋民治亦基于道德而爲運行之樞紐舍是未有能濟者今吾人欲從事于救國之途而實行民治事業則促進國民之道德心尤爲必要至其詳細之理由吾將繼茲而爲論

(未完)

論豫省古今地勢之變遷

豫省之地。自古迄今。咸爲四戰之塲。世之論者。以爲地居天下之中。挾殽黽之阻。阨秦隴之噤喉。爲趙魏所走集。蓋四方必爭之地。其說固然矣。然不審明其戰爭所由來則地勢之變遷不著考豫省形勢之變遷計分三期。一爲關中建都時代此時代中以豫省西境爲陝區故戰爭之域恆在殽洛之間一爲南北紛爭時代此時代中以豫省南都爲重鎭故戰爭之境恆在淮潁之濱一爲燕趙逞雄時代此時代中以豫省北方爲屛障故戰爭之塲恆在大河南北試言其故古代秦中之地。關河百二握高屋建瓴之勢。故一代之興恆肇基於西北史記六國表序曰。夫作事者必于東南收功實者常於西北故禹興于西羌湯起于亳周之王也以豐鎬伐殷秦之帝用雍州興漢之興自蜀漢此均關中肇迹之徵既肇迹關中。欲東征天下勢不得不趨殽黽由是殽黽之地恆爲天下雄故湯興西亳（亳即契始封之地在大華之陽蓋在今華州之南魏氏書古微俞氏癸巳類稿言之甚詳）東觀於洛。（尚書中候）乃升陑（孔疏云在瀧關左右）以克夏都。（夏都時在河南）周人乘殷亦由洛水西岸北濟于河由孟津以窺沬土。即殷都今魏輝淇縣至于西周定都豐鎬。周召二公分郟而治公羊周召二公分陝而治陝即郟字則今河南府之郟山也見說文諸書後人誤以爲陝州非也周召二公分郟而治所謂守殽洛之險以圖關中之王都也　鎬洛之間。虞虢所封。以王室懿親世爲藩輔。以臨東諸侯。虞爲今平陸縣南在河北虢爲今陝州境在河南　及平王東遷。晉翦虞虢。秦並河西。而兩國相持。恆在雍豫之陲。秦得虢略。遂得出師周郊。加兵鄭今汜水縣滑。今偃師縣南　雖有殽陵之敗。今永寧縣能由王官今虞鄉縣濟茅津。今平陸縣西南以封殽尸。嗣晉使詹瑕處瑕。以守桃林。今陝州靈寶以西至陝西華陰皆桃林塞　而秦師不克東趨。晉師西征。遂有瓠隧今陝西華州北　棫林今華州北　之設。是則秦得殽黽可以逞志于關東。晉得殽函。可以移兵于關右。故函谷入秦。而六國滅亡之禍兆。雖以山東諸侯。帶甲百萬。仰關攻秦。亦遁逃莫之敢進矣。故關中之盛衰。關東之存滅恆視殽黽之所屬爲憑。自是以東。則爲太室陽城三塗之險。均在登封及嵩縣境內　與鞏闕今鞏縣因山川之固得名伊闕今嵩縣　相表裏。以鞏洛陽。再東則爲成皐今汜水縣即故虎牢　凡東向爭天下者。必首據。成皐之險。蓋滎陽鞏洛之間。以成皐綰其口。踰越而西。山谷阻深。便于設險。其東則爲平原。鮮山河之阻。故一出成皐。即握囊括東南之勢。觀春秋之世。晉楚于是爭雄。西漢之初。劉項焉於持守。即吳楚淮南衡山變起。亦睥睨其間。以覘成敗。是則關中建都之世殽洛爲全秦門戶而成臯又爲殽洛之藩也天下之治亂恆視斯地爲安危非惟阸東西之險已也即由關西達河東亦恆避雷首孟門之險由澠塞（澠池縣）轉師北濟此秦人所以疲趙魏也由河東達關西亦恆由河北濟師而南由新安（澠池縣）西窺函谷此項王所以屠咸陽也若夫由宛葉出商密（陝西商州）雖間徑武關（商州東）然秦之臨楚亦恆由殽函至宜陽（今河南府縣）南臨申（南陽北）宛是恆洛之地一入版圖則北窺晉趙南捲漢襄鮮不取道於茲土試觀東漢之初馮異收崤底之捷（崤底者崤谷之底也在宜陽之西）而赤眉納降東漢之末曹操夾潼關（今陝西潼關廳東南東通陝州即古桃林塞之西境）以戰而馬超敗績考其交戰之區不越豫雍之界是兩漢以前天下之險恆在殽洛之一隅此豫省西境所由多戰爭之慘也漢代以降都會移易漸成南北分爭之勢故淮潁之地爲南北所必爭先是春秋之際楚晉爭衡故申呂（亦在今南陽之北）有方城之阻戰國之時楚韓搆釁故陘山（今郾城）縮中土之衝南北持衡之勢隱兆于茲至于三國之頃雖吳師北窺然魏境廣延所置重險若壽春（安徽壽州）沔口（湖北武昌西）西陽（黃州東）襄陽（今府）均在豫土以南惟王凌毌邱儉諸葛誕皆興師壽春進據淮潁之間豫省東南之兵禍權輿于此（毌邱儉之師渡淮至項今即項城縣也魏兵由汝

陽破之後諸葛誕據壽春司馬昭亦由邱頭攻之亦項城附近地西晉以後。中州盡棄。永嘉南渡。偏安建業。司州淪沒。而僑置司州于徐。晉書地理志云永嘉之後司州淪沒于劉聰元帝渡江僑置司州于徐州境非本所也豫州淪沒。則僑置豫州于江淮之間。晉書地理志云永嘉之亂豫州淪沒石氏元帝渡江以春穀縣僑立襄城郡及繁昌縣成帝乃僑立豫州于江淮之間居蕪湖以處流人。然方東晉之初。祖逖由陳川故城。今祥符縣北阨汴水以守封邱。今杞縣封邱失而退守譙城。今亳州與陳州界處譙城失而退守歷陽。此由睢泗退守長淮者也。李矩屯韓王壘。今新鄭縣附近以守滎陽。滎陽失而退守石梁今鞏縣附近石梁失而退守臨汜。今臨潁此由河南屯守汝潁者也。若陶侃遣陶斌攻樊城、破趙師于湟水。今南陽新野縣旁復由襄陽克新野。此由襄漢進屯潁西者也。足證斯時戰域恆在淮潁以北。及司豫全州淪喪。而攻守之地。移于豫土之南。然桓溫伐秦。水軍自襄陽入均口。今襄陽府光化縣西進達南鄉。南陽西南步兵自淅川趨武關。至藍由而止。是爲由沔西進師之道。又由魯陽今汝州伐姚襄。進至伊水。今河南府南戍金墉河南府旁而守洛陽。是爲由汝潁進師之道。及移水軍伐燕。由姑熟今安徽太平府踰江淮。沿汶泗以達金鄉。今山東濟寧州由武陽今朝城以達枋頭。今滑濬縣附近旁及倉垣今開封北襄邑。今睢州旁是爲由淮北進師之道。然燕秦南下。亦循此程。蓋豫省之地。爲南北所必征。南師進則北兵守河。北軍進則南軍守淮。故謝元等由彭城伐秦。西北取碻磝（今茌平西）滑台（今滑州）進佔黎陽。（今濬縣西）而劉裕伐秦。一軍由淮甸向許洛。（蓋由安徽鳳台縣沂淮入潁上阜陽之沙河由此西北沈邱商水西華而至許州自許而長葛新鄭汜水鞏縣以至洛陽）一軍由襄漢趨武關。（蓋由襄陽南陽二府出石門以向西北）水陸並進。遂克潼關。此皆南軍分道至河者也。故進則北守滑台。退亦南守虎牢（即成皐）及北魏明元帝欲興南伐之師。崔浩謂略地當以淮爲限。至于太武。遂佔據滑台。攻拔洛陽虎牢。直南下至瓜步。（今揚州南）河南之地。均爲魏有。由是北軍守河之勢。易爲守淮。南軍據河之勢。亦易爲守淮。加以青兗沈淪。西出河北之途。亦梗于魏軍。與東晉中業之勢無異矣。然南陽（今南陽府）懸瓠（今汝寧府）義陽（今信陽州）尙爲南軍所守。蓋南陽爲襄陽之藩。懸瓠爲武昌之屛。義陽爲壽春之郛。自常珍奇以懸瓠降魏。魏兵因之出入耗縣（今城武縣西北）上蔡（汝寧府北）之間。雖劉緬捷于汝陽。（今縣）朱公恩捷於平氏。（今桐柏縣西）然汝潁之北。無復南軍之迹。自桓天生據南陽降魏。魏師遂由樊城南下。屢困襄陽。雖以陳顯達之北伐。亦有順陽（淅川廳）之敗。自魏軍下醴陽（桐柏附近）沘陽。（泌陽附近）遂東攻義陽。雖有賢首山（信陽州旁）之敗。然陰關（今光州）延頭（今湖北麻城北）之間。魏軍屢集。故蕭梁之世。南北兩軍爭義陽懸瓠南陽者數十年。三城南屬則南師可以臨洛。三城北屬則北師可以臨江。是則義陽懸瓠南陽三境。非惟爲襄陽武昌壽春之保障也。東南之存亡實隱繫之。此淮潁之間。所由繫天下之安危也。抑又考之。當兩晉六朝之時。雖爲南北競爭時代。然胡羌各族。亦有佔據關中者。由是黽洛之戰爭。亦沿古代用兵之轍。又東北各部。亦有勃興燕趙者。由是大河南北之戰爭。遂啓後世用兵之始。漢趙之攻。燕秦之戰。夏魏之爭。皆以殽黽之間爲根據。及魏分東西。雖戎馬出入之地。恒在河東。然高歡以東魏天平末。大舉西伐。至于蒲津。（今陝西同州）分入潼關武關。嗣西魏敗其將。來勝攻陷陝州。至于洛陽河陰。（洛陽縣北）則大河以南。均爲拓跋互攻之所。後西師又南伐至邙山以洛水爲界。復踰洛拔潁川。而長葛以北。悉入西魏。周齊代興。日尋干戈。以相往討。齊地在河南者。若虎牢（通典謂東魏武定中陸子章于虎牢城增築城守）洛陽北荆門（今河南府東南）孔城防（今偃師縣西即九曲城）汝北郡（今汝寧西北）魯城建安戍。（今宜陽旁）均置重兵。而河北之地。復有河陽（今孟縣）軹關（今濟源縣東南斛律光築關以據周）諸重鎮。周備東軍。於大河以南。亦恃宜陽陝州三荆（今汝寧西北）土劃（今盧氏縣東後周以爲重鎮）通洛防（今新安縣即函谷關故址）三鵶鎮（亦在今汝寧府西北通鑑地理通釋云荆豫徑途斯爲險要焉）爲重險。踰河而北。則守齊子嶺（今孟縣西）諸城。是古代東西相攻所爭之地。僅係瀍洛一隅。至東西魏及周齊相攻。則重鎮所設之地縱貫豫省由北而南歷程千里此形勢之稍異於古者也。然齊都傾覆之由。則緣黽洛入周之故致齊師不克西越寖至滅亡此仍黽洛係安危之證也若夫大河南北之爭。則今昔異勢。周公克三監。時武庚居沬土即殷都也管蔡二叔亦居邶鄘衛之故土均在今衛輝府周公征之蓋由洛陽以東而進軍于河北也 西漢克趙代燕魏。漢韓信克魏後由臨晉渡河破安邑以定魏地又東擊趙代越井陘以破襄國而燕國納降皆由河南進兵河北者也非出自河東 皆以河南競勝河北者也。據河北以定河南始于東漢光武光武先由河北得河內然後南渡大河下成皋諸地以窺洛陽是爲由河北得河南之始 然東漢末年。袁曹之師。拒于官渡黎陽白馬間。官渡今中牟縣北白馬今滑縣南 卒之曹軍由許濟河。攻克鄴城。今彰德府臨漳縣之西 悉定河北四州之地。即冀州及青州幷州幽州四州也 至于晉代。形勢始殊。自劉淵崛起平陽由黎陽以陷洛陽。王都顚覆。石勒宅都襄國。今州台縣 由孟津而下成皋。而豫州歸附。慕容皝初據幽平。由鄴城以收京洛。亦分二道進師一由孟津一直下成皋 而關左納降即暮容垂諸人。亦以中山爲根據今眞定府附近 進佔鄴城。奄有河南之地。元魏繼之。亦由平城南略。寖取滑台許昌。更捲土南征。致河南淮北。盡入版圖。見前 考其攻守之區。悉以鄴城爲要壤由是鄴城雄視豫北。犹殽黽之雄視豫西。凡大河南北之爭必先取鄴城以占地利。故東魏高齊。咸營都邑於其間。而魏末列鎭之交訌。亦恒駐師于斯土。此則豫北淪爲戰場之始也。然豫北淪爲戰場由于燕趙之肇亂古代精悍之民萃于秦隴。故肇迹關中者恒爲天下雄後世則燕趙邊胡他族逼處易于深入而燕趙之地又士馬精强故內憂外侮恒由是而興禍端既興於燕趙稍越而南其禍即延于豫北此六朝以後之恒例也試觀周隋而降惟唐起太原先定關中然後東出陝洛以臨東土與周漢進兵之跡相符若淮潁之間惟金元南下之時與南師相持於南豫畧符南北爭衡之勢然天下之大勢在豫北而不在豫南故興于河北者勢恒强興于河南者勢恒弱如隋唐之間竇建德據平原（今山東濟南屬）北下瀛州（今河間府）景城（今直隸交河縣）河北郡縣遂聞風響應南及殷（今獲嘉縣）衛（今衛輝府）諸州嗣劉黑闥聚師漳南（今思縣）亦取黎（今濬縣）衛諸州以復建德之故壤此均燕趙肇亂延及豫北之證也然以師旅未充故戰氣僅延于河北及于有唐中業則京洛之禍悉成于河朔之師蓋唐代之初以爲幽幷之邊隔絕中外匪鎭以雄師不克屏除夷貊然驕兵悍將之亂即由是而萌豫北之災亦于斯而隱兆此則唐室所不及料者也自安祿山鎭守漁陽（今順天）陰蓄異志欲由河東西濟爲李郭所阻及由博陵南犯（今定州）遂濟河陷滎陽而洛陽不守致陷長安。及安慶緒守鄴城。史思明據魏州。（陽武）杏園（汲縣東南）洹水（今臨漳縣東北）之間。官軍屢挫。猶能南陷洛陽。使非河陽城守。燕冀內訌。則安史之師。必再加于關輔。蓋河北地勢。足以控制河南。以河南之師。仰攻河北。其勢至難。惟燕冀之地。足以斷河北之後。故河北稱兵。凡與燕冀相絡者。進足拓疆。退足自保。及與燕冀相離。雖足張勢於河南。卒爲幽冀所乘。不能自衞。此唐代以降用兵之往迹。故據河北而勝者。必由燕冀而興。據河北而敗者。必爲燕冀之師所滅。鮮有由河南競勝河北者也。觀安史以後相衞諸州。歸于薛嵩。河北之地。梗朝命者百餘年。然恆與成德魏博盧龍相結。故李正已田悅拒朝命。必與朱滔王武俊同盟。雖以李晟馬燧爲將。不克奏掃穴之功。蓋彼以幽冀爲後援也。若夫河南之地。南有李希烈。東北有李師道。東南有吳元濟。雖竊片隅。侵署城邑。然官軍所臨。無不披靡。是則據河北者其勢雄。據河南者其勢弱。一據河北則雖竭天下之兵。不能損其毫末。故河北諸州。終唐末業。與棄土同。即以王仙芝黃巢之强大。河以南幾無完邑。而河北之地。不能以一矢相加。此均河北地勢優于河南之徵也。及于五代。朱温威行淮汴。雖兼兗鄆滑魏四鎮。然李克用據河東。亦首爭邢（順德）洺（廣平）磁三州。蓋力爭滑魏之上游以爲窺伺汴都之本嗣魏州入唐建爲重鎭。遂一舉而陷梁都。厥後嗣源繼位由鄴都而入大梁。敬塘南征由胡梁（今滑縣東北當時之渡名也）而趨汜水。均以河北併河南。即契丹伐晉亦由邢相而南。引軍入汴。劉知遠由太原乘之。諸將聚謀咸謂出師井陘攻取鎭衛。先定河北則河南拱手自平。由是畧取懷相。屯戍河陽洛汴二都。均爲漢有。形勢所在證此益明。故郭威篡漢亦由興甲于鄴城。則唐末五代之亂。均大河南北之戰爭也。然根據之地亦恒在幽冀幷代之間。然徒有幽冀幷代而不得豫北則其勢不克驟張。觀于守光之强劉崇之銳而不能侵略南土。豈非以所據之地去河匪邇。未能佔豫北之疆哉。若南方之國僅守豫北。不能兼有幽幷。亦恒爲他族所窺伺。試觀石晉之時。燕雲十六州淪沒契丹。由是大河南北。遂苦胡寇。爰迄趙宋。雖河間大名恃爲汴都之屏障。然眞宗之世。仍有澶淵（今開州）之師。其所以仍復故土者。則以契丹之境限以燕雲。非幽冀幷代之地。悉爲彼土也。至幽冀幷代之全土悉淪于他族。欲恃豫北保河南。雖智者不克爲力。觀金人南征。畧取太原眞定。遂陷濬相滑三州。既陷相濬滑三州。遂南犯汴京。汴京既覆。淮漢以北。遂入于金。雖宋以襄陽鄂州爲重鎭。然唐鄧而外。鮮有屬土。及蒙古起于漠北。取金雲中太原。遂南略開州諸地。河北旣降。汴洛汝蔡。遂均不守。卽宋之襄樊唐鄧。亦有累卵之危。考其興兵之地。恒在幽冀。幽冀陷則豫北危。豫北亡則河南亦破。故戰爭重地。移于河北之一隅。蓋河北之地。有八陘之固。北達燕趙。燕趙旣得。不啻搤八陘之吭。而據其要塞。戴震曰河北八陘起西南迤而東北一曰軹關陘在濟源縣西北十五里當軹道之險次二曰太行陘在河北縣西北一名丹陘當羊腸坂之險次三曰白陘在輝縣西五十里接修武縣界或言白陘在解州東次四曰滏口陘在武安縣南三十里與磁州接界爲自鄴西出之要道次五曰井陘在縣東北五十里次六曰飛狐陘在廣昌縣西北路達宣府大同七曰蒲陰陘在易州西趨宣府大同今紫荊關八曰軍都陘在昌平州西北　故進師之路。未有不旁沿八陘者也。故由東北達西南。壓河而陣。以佔地勢之上游。雖有大河之阻。至此亦失其險矣。近世清兵南下。亦由河北掠開封。然後東南出歸德。以克淮徐。以今證昔。咸以河北勝河南。若明祖伐元。先克汴城。次下燕京。以河南勝河北。係乘元運之衰微。故郡邑景從。鮮亡矢遺鏃之費。此又用兵之變例也。要而論之。豫省之地。鮮有百年無戰禍者。然恒爲天下安危所係。古代以豫西爲重地。西師一出。距洛非惟豫東之地可傳檄定也。卽河沸以北。江淮以南。亦可漸事肅清。如殷周西漢隋唐是也。後代以豫北爲重鎭。故北軍一平河內。

非惟豫南之地不克自守也即關陝而西淮漢而南亦可漸次歸附如蒙古是也其有出師鼂洛河內征服豫東豫南而南軍與之相持足以勢均力敵則成淮潁間之戰爭此即南北隔據之勢所由成也然恒南敗而北勝歷史具在固可推測而知無待覆審也其所謂地勢遷移者則鼂洛用師之世往往先定河南後清河朔河北戰爭之世則往往先定河南後征關隴蓋由鼂洛進兵者多關右之諸侯由河北進兵者則半爲漠北之殊族也然豫省人民因是之故橫罹戰爭之慘刦有數載而一被兵者。亦有一載之中而數被兵者。闔境黎元。欲避無由。肝腦塗中原。膏液潤野艸。或萬民離散。不安其居。極人世播遷之苦。由是畏鬨兵事陷于怯懦柔弱之風而古代之文明其有發源豫省者亦以兵革屢興之故淪墮于無形可不嘆哉今者鐵軌交通。形勢殊異。列强環伺。外釁易生。使豫民而能自强。富于保土之念。則滅亡之禍或可不呈。否則豫省之疆。必爲四爭之地。兵禍之慘。恐更有甚于往昔者矣。故舉歷代用兵之形勢。以著豫省地勢之危。兼爲申儆豫民之用。古人謂睹往軌而知來轍。此之謂矣。

春秋列國國際法與近世國際法異同論

起東

按春秋之世。列國錯列。其國際間之交涉。蓋亦常有一定之儀式。凡春秋三傳所稱謂禮者。即近世之所謂法也。是故春秋列國。雖未有國際公法之名目而已實有其狀況矣。今不揣鄙陋。特摭拾列國國際間交涉各節用近世國際法學之例。分門類而條晰之。以供有志研究本國歷史學者之考鏡。然鄙人不明法律之學。其間當不免有謬誤之處。還望閱者原宥也。

第一章　總論

第一節　春秋國際之成立

初武王克商承夏殷遺制封建諸侯分爵五品一曰公二曰侯三曰伯四曰子五曰男其分土授田亦分五等一曰諸公之國封疆方五百里二曰諸侯之國封疆方四百里三曰諸伯之國封疆方三百里四曰諸子之國封疆方二百里五曰諸男之國

封疆方百里凡是五者皆直隸於天子又分附庸以屬於五等之諸國天子十二歲一巡天下是曰巡狩諸侯之遠者六歲一朝天子是曰述職當天子之巡狩焉常考校諸侯之功罪以定其賞罰凡入其疆土地闢田野治養老尊賢俊傑在位則有慶慶以地凡入其疆土地荒蕪遺老失賢掊克在位則有讓一不朝則削其位再不朝則削其地三不朝則六師之審移是當時之諸侯無獨立之自主權也明矣比及春秋兼并盛行天子之威令不復行於天下諸侯各得割據其封邑不特對於內保有領轄土地管理人民之自主權且對於外亦得有宣戰媾和締結條約之外交權例如春秋左氏傳隱元年『鄭公叔之亂公叔滑出奔衛衛人爲之伐鄭取廩延於是鄭以王師虢師伐衛南鄙以報之』右所舉爲春秋列國得自由宣戰之一例又如同年傳文『三月公及邾儀父盟於蔑邾子克也未王命故不書爵曰儀父貴之也公攝位而欲求好於邾故爲蔑之盟』右所舉則又爲春秋列國得自由締結和平條約之一例是時邾未受王命猶爲附庸不在諸侯之列而已有國際關係如是則其他之大國蓋可推而知矣要之一言春秋列國於近世國際公法學上所謂主體

之資格者蓋已備具而無或缺限者也

第二節　國家之種類

如前節所述春秋列國已備具國際公法學上所謂主體之資格雖然春秋之世以國名見於經傳者凡百四十有餘國此百四十有餘國之中非盡具有國際法學上所謂主體之資格者也是故有須注意者一事何也曰國家之種類不同是矣蓋春秋時代幷兼盛行因幷兼之結果國土遂因之有大小而國勢亦因之有强弱强者弱者不得居於同等之地位是固理有固然而又勢所必至者也考春秋國家之種類大概可別爲五種舉列分示如下

第一類主盟國　即霸國因其常長諸侯之會盟故稱之曰主盟國如　齊　宋　晉　楚　秦　吳　越等然吳越由蠻夷勃興雖長諸侯之會盟爲中原諸國所差稱且又後起不久即滅與列國之交際亦復不甚久長故當世或不儕之霸國之列齊宋晉楚秦五國迭爲主盟即春秋所豔稱之五霸國是也內中齊宋主盟爲時不久且其主盟之範圍亦狹小秦亦僅一霸西戎而不主夏盟故五霸國中其得長爲

主盟國者惟有晉楚之二國而已主盟國在列國中佔最優等之地位故其於國際交涉間得操有各種之高等特權今舉示分述如下

(一)有受王命得專征討之高等特權　即古代命方伯之禮春秋之世唯霸國得享有此　(按春秋列國均得自由宣戰王室不得而制之然王室猶足以維繫人心故霸國猶以得受王命專征討爲榮者)例如左氏傳莊二十七年『王使召伯賜齊侯命且請伐衛以其立子帶也』又如僖二十八年『王命尹氏及子虎內史叔與父策命晉侯爲侯伯王謂叔父敬服王命以綏四國糾逖王慝』等是也

(二)有判斷王室爭訟之高等特權　例如左氏傳昭二十四年『晉侯使士景伯涖問周故士伯立於乾祭而問於介衆晉人乃辭王子朝不納其使(以王族爭立)又如襄十年『王叔陳生與伯輿爭政晉侯使士匄平王室王叔與伯輿訟焉王叔之之宰與伯輿之大夫瑕禽坐獄於王庭士匄聽之』(以上王臣爭政)等是也

(三)有判斷列國爭訟之高等特權　例如左氏傳魯僖公四年『晉欒書侵鄭楚子反救鄭鄭伯與許男訟焉皇戌攝鄭伯之辭子反不能決也曰君若辱在寡君與

其二三臣共聽兩君之所欲成其可知也』等是也。

（四）有受同盟諸國貢獻之高等特權　例如左氏傳襄八年五月『晉會於邢丘。以命朝聘之數使諸侯之大夫聽命』等是也。

（五）有徵召同盟諸國會盟及朝聘之高等特權　例如左氏傳宣十七年『晉侯使郤克徵會於齊』又如襄二十二年『晉人徵朝於鄭』等是也。

（六）有徵召同盟諸國出師攻伐之高等特權　例如左氏傳魯成公八年『晉士燮來聘言伐郯也。（以上令其助攻）又如魯宣公二年『鄭公子歸生受命於楚伐宋』（以上令其獨攻）等是也。

（七）有節制與戰同盟國師旅進止之高等特權　例如左氏傳襄十一年『九月諸侯伐鄭。鄭人引成十二月。會於蕭魚。晉命諸侯。赦鄭囚。納斥候。禁侵掠。晉侯使叔盻告於諸侯。魯使藏孫紇對曰。凡同盟小國有罪。大國致討。若有以藉手。鮮不赦宥。寡君聞命矣』等是也。

以上各種特權均爲霸國所專有。雖然。其所享之權利既比諸國爲特優而其所當應盡義務亦常比諸國爲獨勞蓋權利之與義務相成亦足以相銷也今舉示霸國所應盡各種義務如下。

(一)有保衛王室之義務　例如左氏傳僖十二年。『齊侯使管夷吾平戎於王。(以上外患)又如昭二十四年『鄭伯如晉子太叔相見范獻子。曰今王室實蠢蠢焉吾小國懼矣。然大國之憂焉獻子懼而與宣子圖之。乃徵會於諸侯期以明年』等是也。(以上內亂)

(二)有保衛與國之義務　例如公羊氏僖二年『城楚丘。孰城。城衛也。曷爲不言城衛滅也。孰滅之。蓋狄滅之。曷爲不言狄滅爲桓公諱也。(以上言齊桓公爲主盟狄滅衛齊桓不能盡保衛之義務故恥以爲諱)又如左氏傳襄十四年『衛獻公出奔齊。晉侯問衛故於中行獻子。對曰君其定衛。冬會於戚謀定衛也』(以上內亂)等。是也。

(三)有抑强扶弱之義務　例如左氏傳襄十九年。『春晉與諸侯還自沂上。盟於督揚。曰大毋侵小。執邾悼公。以其伐我故。遂次於泗上。疆我田。取邾田自漷水歸之

於我』等是也

(四)有郵病討貳之義務　例如左氏傳魯襄公三十年『晉爲宋災故諸侯之大夫會以謀歸宋財』(以上郵病)又如文公七年『晉郤缺言於趙宣子曰日衛不睦故取其地今已睦矣可以歸之叛而不討何以示威服而不柔何以示懷非威非懷何以示德無德何以主盟』(以上討伐)等是也

(五)有聘問列國之義務　霸國雖受同盟諸國之朝貢然亦當施以相當之報施故有命卿出聘列國之事例如左氏傳襄三十年『王正月楚子使蘧罷來聘通嗣君也』又如昭二年『晉侯使韓宣子來聘(爲公即位故)且告爲政而來見』等是也

第二類會盟國　即列國因其常列會盟故稱之曰會盟國如　齊　魯　宋　衛　鄭　陳　蔡　曹　許　秦　燕　吳　越等齊宋秦三國曾爲主盟國然自晉楚主會盟而後齊宋常從晉爲晉同盟國其班次等於魯衛故兩列之秦之從楚亦猶齊宋之從晉吳越在初興之時吳常爲晉之同盟國而越常爲楚之同盟國故亦並列之會盟國雖非能如主盟國佔最優勢之位置然亦有優等國之資格者也于國

際交涉間得操有各種之優等權舉示分述如下。

(一)有請命盟主禁止兵爭之優等權　例如魯成公十二年『宋華元克合晉楚之成。』又如魯襄公二十七年『宋向戌請于晉楚弭兵會於宋』等是也。

(二)有號召平等國及諸小國會盟之優等權　例如左氏傳桓十一年『齊衛鄭宋盟於惡曹』(以平等國自相會盟)又如昭十九年『邾人郳人徐人會宋公乙亥同盟于蟲。』(以上諸小國求和於宋而起此會盟其例猶盟主之主盟列國)等是也。

(三)有主和平等國及諸小國之優等權。例如隱八年『齊平宋衛於鄭會於溫盟於瓦屋以釋東門之役。』(以上爲平等國和鮮)又如宣四年『公及齊侯平莒及郯。莒人不肯公伐莒取向。』(以上爲小國和解)等是也。

(四)有徵召平等國及諸小國出師助軍之優等權　例如隱四年左氏傳『衛州吁使告於宋曰。君若伐鄭。以除君害。君爲主。敝邑以賦。以陳蔡從。則衛國之願也。』(以上爲平等國出軍助戰)又如定十年。『齊魯盟于夾谷齊人加于載書曰。齊師出境。而不以甲車三百乘從我者有如此盟。』(是時齊大魯小故可稱爲命小國出師助戰之例）等是也。

（五）有受王室及霸國聘問之優等權　例如左氏傳僖三十年冬『天王使宰周公來聘左氏傳昭十六年『二月晉韓起聘於鄭』等是也

（六）有受諸小國朝聘貢獻之優等權　例如隱十一年。『滕侯薛侯來朝』又如宣十三年。『齊師伐莒莒恃晉而不齊故也』等是也。

（七）有請命主政國以小國爲己屬國之優等權　例如左氏傳襄四年『公如晉。聽政公請屬鄫晉侯許之』又如襄二十七年『宋弭兵之會。齊人請邾。宋人請滕。皆不與盟。』等是也。

以上各種權利爲會盟國之所例有至其所當應盡之義務蓋唯有聽盟主之命令及保護己之從屬國而已保護從屬國之例如左氏傳僖二十一年。『邾人滅須句。須句子來奔明年。公伐邾取須句反其君焉禮也』等是也

第三類半會盟國　即衆小國因其有時或列會盟而爲獨立國或不列會盟而爲他人之私屬國故稱之曰半會盟國如　莒　杞　郳　滕　薛　小　邾　沈

胡　頓　滑等。以上諸國有時雖爲人之私屬然究比從屬國爲愈尚克保有如下所列各種之自主權

(一)保有國內領土之自主權　即主盟國使節過境尚當假道不得强恃自擅過其國土實爲保有領土主權之證。據例如左氏傳成八年『晉侯使申公巫臣如吳假道於莒』者是也。

(二)保有國內之行政自主權　即主盟國亦不得强行干涉其國政實爲保有國內行政主權之徵。據例如左氏傳文十四年『邾文公元妃齊姜生定公。二妃晉姬生捷菑。文公卒邾人立定公。捷菑奔晉。晉趙盾以諸侯之師八百乘納捷菑於邾。邾人辭曰。齊出貜且長。宣子曰。辭順而弗從不祥。乃還』等是也。

(三)保有自由戰爭及自由和平之外交權　例如左氏傳魯僖二十一年『邾人以須句故出師』爲得自由宣戰主權之例。又如文七年『徐伐莒。莒人來請盟。穆伯如莒涖盟』爲得自由和平主權之例等是也。

第四類從屬國　既不得於列會盟又不能通使命于各國唯聽命于附近之大國

爲其私屬故稱之曰從屬國如　任　宿　須句　顓臾　厲　鑄　禹　崇　隨唐等以上諸國蓋全失自由意志者其對於已所從屬之大國給貢賦如其縣鄙論語『季氏將伐顓臾冉求季路見於孔子曰季氏將有事於顓臾孔子曰求毋乃爾是過與夫顓臾昔者先王以爲東蒙主且在邦域之中矣是社稷之臣也何以伐爲』觀於此語即可想見其全失自由意志之一班

第五類蠻夷國　即野蠻無文化之國如　巴　蜀　鮮虞　淮夷　山戎　吳越等然是等國中亦有漸次强大亦復漸進文化而竟有超位置至最優勢之域爲主盟國者如吳越二國是也

以上五等之國蠻夷國及從屬國皆不成爲國不儕國際法學上主體之列至第三種之半會盟國猶近世之半主國會盟國與主盟國均得稱爲列國半會盟國即小國不得稱謂列國例如左氏傳二十七年『宋之盟季武子使謂叔孫曰以公命視邾滕叔孫曰邾滕人之私也我列國也何故視之』又如昭二十二年『晉人使叔孫婼與邾大夫坐叔孫曰列國之卿當小國之君固周制也邾又夷也寡君之命介

子服回在請使當之不致廢周制故也』等是也由是觀之半會盟國與會盟國不得居於同等之地位可想見其一班矣其於國際法學上主體之資格亦不完備故春秋之世備具國際法學上主體之資格者僅有主盟國及會盟國中之諸國而已其間主盟國之對於同盟國（即會盟國）雖又有侵害其權限之處（如徵朝聘及徵師旅助軍之類）然其相待亦尙平等（如報聘謝師等皆有互相往來之禮又不得無禮於諸侯等事例如昭四年楚子合諸侯於申椒言於楚子曰臣聞諸侯無歸禮以爲歸今君始得諸侯其愼禮矣覇之濟否在此會也其所謂禮者猶近世之所謂法蓋言與諸侯交際當合於法度不當以非法之事强施之會盟諸國也觀於此言可知主盟國與會盟國切居於同等之地位不過一爲會長一爲會員耳）非眞有懸絕之勢也故主盟國與同盟國雖有大小强弱之不同而其於國際法學上主體關係之成立固無害也右前主盟國及會盟國中之晉　楚　齊　秦　魯　宋　衛　鄭　陳　蔡　曹　許（按太史公十二諸侯年表列燕而不列許今按燕在春秋之世不與中原諸國之會盟而許則常列諸國之會盟其序位班次又常在曹

上復以太岳之後爲列國所推崇故十二列國中當列許而不當列燕然燕爲戰國七雄之一春秋之季亦與齊晉通聘使故於會盟國中亦並列之）等之十二國即春秋時代之所謂十二列國也亦稱之爲十二諸侯又加入後起之吳越是謂春秋時代之十四强國凡春秋一代史事均爲此十四强國所構成故於國際上之各種交涉條件亦均範圍於此十四强國之內其餘所有諸國交涉條件蓋皆均僅見而非常有者也

第三節　交涉法之一班

春秋列國國家之種類雖已稱述如前然於國際間交涉之各規則尚未有表明之者今特分類條晰於如下

第一項　關於人道問題之國際交涉　近今各國權利思想爲特重故其於國際間所規定者不外保衛其本國之權利而已至所謂文明禮讓者實不過紙上之空談（如近世法保護安南之獨立日保護朝鮮之獨立均係空言實則攫取其國土而已其間亦或眞有保護者不過爲列國均勢問題起見若春秋列國之保護與國

乃眞爲興亡繼絕起見如齊桓公封刑衛魯僖公封須句晉景公立黎侯等皆是也）春秋列國則不然其道德思想實比權利思想爲盛故於列國國際交涉規定之條件與近世有大異者例如孟子『五覇桓公爲盛葵丘之會諸侯束牲載書而不歃血初命曰誅不孝無易樹子無以妾爲妻再命曰尊賢育材以彰有德三命曰敬老慈幼無忘賓旅四命曰士無世官官事無攝無專殺大夫五命曰無曲防無遏糴無有封而不告曰凡我同盟之人既盟之後言歸於好』等是也今就以上之約文觀之除第三條內之無忘賓旅爲保護外國人之權利第五條之無曲防爲關於國際河流其無遏糴爲關於通商貿易是皆近今國際法學上所認定爲合格之條件其他各條件無一非侵害同盟國之自主權夫以外國人干涉內治之規定而諸國猶甘締結之者是固非齊桓公之威力足以脅制之實由諸國之君主均以此爲關於人道問題爲道德上所當遵守故遂承認之而無異辭也

第二項　關於君主繼承之國際交涉　近今國際法學上所規定凡國內起有變故其影響不及於國外君主之繼承更易從無有連及於國際上之問題春秋列國

則不然凡國中有起內亂而篡立者若不與諸侯一會則列國均不承認其繼續前政府之國際關係故篡立者常有納賂諸侯以求會盟之事例如左氏傳文十八年『二月丁丑公薨冬十月仲殺惡及視而立宣公宣公元年夏季文子如齊納賂以請會會於平州以定公位』又如春秋桓二年經『正月宋督弒其君與夷及其大夫孔父三月公會齊侯陳侯鄭伯于稷以成宋亂』左氏傳文釋之曰『齊陳鄭皆有賂故遂相宋公』等是也推原其故實由以以君主即國家之思想而起是故國內雖無篡立之事當舊君已薨新君初立之際亦有常遣命卿聘問列國通嗣君之舉也

第三項　關於領土主權之國際交涉　近世國際法學上凡確定鄰接國間境界以明國家主權之所及爲最切要之事件春秋之世亦然例如左氏傳文元年『晉取衛戚田其田與魯接境故使公孫敖會之以正其疆界者』是也若或分疆不定致有起國際爭議者例如左氏傳成四年『鄭公孫申帥師疆許田許人敗諸展須鄭伯復伐許取鉏任泠敦之田』者是也

第四項　關於罪犯引渡之國際交涉　近今國際法學上所規定凡國家由於對內主權之結果有因國際間交涉還逃亡犯罪人之事但其權限僅限於盜竊等之私罪若國事犯則無引渡之例春秋列國亦有罪犯引渡之例然不分其爲私罪公罪也如近世庇護國事犯之例似尚未有引渡私罪犯人之例於春秋列國不之見唯戰國時代一見之戰國策衛策篇『衛嗣君時胥靡逃之魏衛贖之百金不與乃請以左氏羣臣諫曰以百金之地贖一胥靡無乃不可乎君曰治無小亂無大敎化喻於民三百之城足以爲治民無廉恥雖有十左氏將何用之』至國事犯應與國請求而引渡之者甚多例如莊十二年『宋萬弑閔公於蒙澤蕭叔大心及戴武宣穆莊之族以曹師伐之猛獲奔衛南宮萬奔陳宋人請猛獲於衛衛人欲勿與石初子曰天下之惡一也惡於宋而保於我保之何補得一夫而失一國與惡而棄好非謀也衛人歸之亦請南宮萬於陳以賂陳人使婦人飲之酒而以犀革裹之比及宋手足皆見宋人皆醢之』等是也雖然應其請求之國或亦有重犯事人之德行而隱慝不與者例如左氏襄傳十年『鄭尉止司臣侯晉堵女父子帥師僕賦攻執政於

西宮之朝殺子駟子國子耳刼鄭伯以如北宮子蟜率國人以伐之殺尉止子師僕侯晉奔晉堵女父司臣尉翩司齊奔宋十五年鄭尉氏之亂其餘盜在宋鄭人以子西伯有子產之故納賂於宋公孫黑為質焉司城子罕（宋執政）以堵女父尉翩司齊與之良司臣而逸之記諸季武子（魯執政）武子置諸下』等是也若或在仇敵之國概未聞其有引渡者

第五項　關於國際地役之國際交涉　近世國際法學上所規定凡各國由於對外主權之結果有國際地役之關係如二國交戰時有乘輕氣球探視敵人舉動是越他國之領土國際上所不許也即平時設置電線等未經他國許可亦不能越矩而行必俟他國政府許可始能安置等事春秋之時亦然凡左氏傳所書假道者皆此例也蓋列國交通不止四鄰然諸侯對於其領土各有自主權故若擅過其國土不請命假道者是蹂躪該國之主權也若或有之則該國定認為莫大之恥辱至有起國際爭議者例如左氏傳宣十四年『楚子使申周聘於齊曰毋假道於宋及宋宋人止之宋華元曰過我而不假道鄙我也鄙我亡也殺其使者必我伐我亦亡也

亡一也。乃殺之。』又如定六年『夏。公侵鄭。取匡。往不假道於衛。及還。陽虎使季孟自南門入。出自北門。舍於屯澤。衛侯怒。使彌子瑕追之。』等是也。

第六項　關於國際犯罪之國際交涉　近世國際學上有所謂國際上之犯罪者即國家之犯罪是也。如甲國違反國際公法。則乙國所享之權利。必被甲國之侵害。是即謂之國家犯罪。國家犯罪。行爲大概可別爲行政機關對於外國之犯罪行爲及普通人民對於外國犯罪之行爲二種。所謂行政機關對於外國犯罪之行爲者何。蓋行政機關即代表國家。如大統領或君主公使或領事。皆任國家之最重要機關者也。如或開罪於他國。即爲國家之犯罪。又如海陸軍爲保護國家之權力。亦爲國家機關之一部。若或對於他國有非法之行爲。亦謂之國家之犯罪。所謂人民對於外國人之犯罪者何。蓋謂人民即組織國家之一分子。國家應有管理人民之職。是故人民或對於外國人有不法行爲。國家亦當任其咎。故亦謂之國家之犯罪。在國際法學上。有賠償及謝罪等之裁判。春秋之世亦然。其代表人犯罪。認賠償者。例如穀果傳定十年。『夏。公會齊侯於頰谷。孔子相焉。兩君就壇。兩相相揖。齊人鼓譟而起。欲以執魯君孔子歷階而上不盡一登而視歸乎齊侯曰兩君合好。夷狄之民。何來爲命司馬止之。齊侯逡巡而謝曰。寡人之過也。罷會齊人使優施舞於魯君之幕下。孔子曰笑君者罪當死。使司馬行法焉首足異門而出。齊人來歸鄆讙龜陰之田。蓋爲此也』等是也。其人民對外國人犯罪而受責者例如左氏傳桓九年。『楚子使道朔將巴客以聘於鄧。鄧南鄙鄾人攻而奪之幣。殺道朔及巴行人。楚子使薳章讓于鄧。』等是也。

第七項　關於會盟班次之國際交涉　近世歐洲外交上君主及公使之會合。凡關於條約署名之先後。其爭議殆不絕跡。春秋列國亦然。夫當周室全盛時。列國班次原有一定之位置。按禮記王制篇曰。『王者之制祿爵。公侯伯子男凡五等。次國之上卿。當大國之中。中當其下。下當其上大夫。小國之上卿。當大國之下卿。中當其上大夫。下當其下大夫。』若同爵之中。則又以同姓諸國爲先。異姓諸國爲後。若同在異姓之國。其同爵位者。則又以先封者爲先。後封者爲後。列國爵位之高下。與其版圖之大小爲比例。及並并之後。至春秋時代爵位之高下不足以知其國力之大小列國會盟之班次直以國力之强弱而定其先後例如左氏傳成三年冬十一月『晉候使荀庚來聘且尋盟衛侯使孫良夫來聘亦且尋盟公問於臧宣叔曰中行伯之於晉會也其位在三孫子之於衛也位爲上卿將誰先對曰次國之上卿當大國之中中當其上大夫下當其下大夫小國之上卿當大國之下卿中當其上大夫下當其下大夫衛在晉不得爲次國而晉盟主也其將先之丙午盟晉丁未盟衛禮也』(衛晉之爵位本同)又襄二十七年『宋弭兵之會晉楚爭先晉人曰晉固爲諸侯主未有先晉者也楚人曰子言晉楚匹也若晉常先是楚弱也且晉楚狎主諸侯之盟也久矣豈專在晉乃先楚人』等是也(晉侯爵楚子爵)雖然爵位之思想尙未全歸消滅當朝聘會盟之間亦有用周室舊制者例如隱十一年『春滕侯薛侯來朝爭長薛候曰我先封滕侯曰我周之卜正也薛庶姓也我不可以後之公使羽父請於薛侯曰周之宗盟異姓爲後寡人若朝於薛不敢與諸侯齒君若辱貺寡人則願以滕君爲請薛侯許之乃長滕侯』又文二年『晉人以公不朝來討公如晉夏四月己巳晉使陽處父盟公以恥之』(在禮卿不會公侯會伯子男可也故陽處父

盟父爲恥辱之事）三年晉人懼其無禮於公也。淸改盟。公如晉及晉侯盟』等是也。

第二章　條約

第一節　條約之定義及形式

條約者國與國所結之約束規則也。近走國際法學上締結條約之國以獨立國與獨立國爲原則若被保護國則不能結國際上之條約（商務條約則可締結）春秋之世主盟國及會盟國均得自由行意有與他國締結條約之權外此若半會盟國雖非有完全獨立國之資格然亦得自由意志有與他國締結條約之權例如魯隱元年『邾及魯結和親條約』者是也。考春秋時代條約締結之跡君主或使節相會於一處作條約書殺牲歃血誓於神明堀穴入牲載書其上幷埋之各作副本藏之以供日後之徵證周禮秋官司寇第五鄭註云『盟以約辭告神殺牲歃血明其著信也。曲禮曰。涖牲曰盟。又同上司盟掌載盟之法鄭註。『載盟辭也。盟者書其辭於策。殺牲取血。堀其牲。加書于上而埋之。謂之載書。凡邦國有疑會同。則掌其盟約之載及禮義。北面詔神。既盟則貳之。『其歃血而盟之舉。實與歐洲昔時甜十字架而盟者同。其趣味所謂宗教上之擔保也。近時則易爲記名調印之例。春秋時代當條約締結時。凡强暴之行爲。不得加於同盟國之代表。若有犯之者。是即謂國家之犯罪。至有起國際爭議者。例如左氏傳定八年。『衛敗於晉。締結媾和條約。時晉大夫涉佗代表晉而臨盟。將歃血。涉佗椄衛侯之手及腕。衛侯怒其强暴。因叛盟反晉。晉之請改盟。衛侯不許。晉人遂殺涉佗以謝衛侯。』者是也。

第二節　條約之要素及種類

近代國際公法學之通例。凡締結條約。必兩者之意思協合。方有効力。若迫脅而行則爲國際法學上所不承認。如拿破崙第一脅迫普魯士割讓土地之例是也（按此私迫君主或代表者而言。若戰後之和平條約。多由脅迫而出。於國際法上亦認定爲有効力）其在春秋之世。迫脅勒定之條約。概謂之要盟。亦有否認之公例。例如左氏傳襄九年『十月。晉以諸侯之師伐鄭。鄭人恐。乃引伐十一月巳亥。同盟於戲。鄭服也。晉士莊子爲載書曰。自今日既盟之後。鄭國而不唯晉命是聽。而或有異志者。有如此盟。公子騑趨近曰天禍鄭國。使介居二大國之間。大國不加德音。而亂以要之。自今日既盟之後。鄭國而不唯有禮與強而可以庇民者是從而敢有異志者。亦如之晉師去後。楚又伐鄭。子駟將及楚平子孔子蟜曰與大國盟口血未乾而背之可乎。子駟子展曰要盟無質。神弗臨也。明神不蠲要盟。背之可也」等、是其例也。又春秋列國交際之繁。無異近世。故其所定條約之多。亦無異近世。然史傳所記載各條約多僅錄其末後宣誓之語。而不盡載約文中之欵目。是不可謂非歷史上之一恨事也。今徧索全書錄其稍加完備者二篇如下。成十二年。『宋華元克合晉楚之成。夏五月。晉士燮會楚公子罷許偃。癸亥盟於宋西門之外。曰凡晉楚無相加戎。好惡同之。同恤菑危。備救凶患。若有害楚。則晉伐之。在晉。楚亦如之。交質往來。道道無壅。謀其不協。而討不庭。有渝此盟。明神殛之。俾墜其師。無克胙國。』又襄公十一年。『四月。諸侯伐鄭。鄭人懼。乃引成。秋七月。同盟於亳。載書曰。凡我同盟。毋蘊年。毋壅利。毋保姦。毋留慝。救盟患。恤禍亂。同好惡。獎王室。或間茲命。司慎司盟。名山名川。群神群祀。先王先公。七姓十二國之祖。明神殛之。俾失其民。隊民亡氏。踣其國家』

就上二約文而研究之其於國際間所規定者蓋有左之六則也

(一)攻守同盟　按春秋之世因列國相互角逐各欲擴張其版圖且欲維持從來之國力於是時勢乃不許諸侯之孤立遂不得不要結與國而訂攻守同盟之條約其例如前約文中所云『凡晉楚無相加戎好惡同之』又曰『若有害楚則晉伐之在晉楚亦如之』者是也(僖二十五年魯衛盟於洮修文公之好蓋亦爲訂攻守同盟之約故於明年傳文遂有齊伐魯衛人伐齊洮之盟故也等語)

(二)保衛王室　按夏殷至周千數百年君主世襲之制已成習慣春秋之世周室雖衰猶足維持人心故霸者常藉尊王以要結與國之信用由是列國國際間交涉法之規定常以保衛周室爲唯一之義務其例如前約文中所云『謀其不協而討不庭』又曰『奬王室』者是也

(三)國運維推　按春秋之世列國競爭甚烈而列國之所最堪憂者則莫若巳國有內憂而蒙他國之襲擊是也是故爲思患豫防之計勢不得不於平日之間締結國勢維持之條約其例如前約文中所云『同恤菑危備救凶患』又曰『救菑患恤禍

亂』等是也。

(四)國際刑法　按春秋之世常有利用他國之國事犯而干涉內政侵害其主權故列國又不得不思豫爲防患之計而訂定國際刑法之規條其例如前約文所云『毋保姦毋留慝』等又曰『同好惡』(同好惡之語其意義包含甚廣不專指一事)等是也。

(五)國際地役　按春秋之世列國之交通甚繁然其所通使命往來者又不僅限於隣接國常有越境而遠交者故列國國際間又不得不有國際地役之規定(但不得假道而擅過其過土其例見前節)例如前約文所云『交質往來道路無壅』者是也。

(六)通商貿易　人類生存當須貿遷有無故春秋列國亦有通商貿易條約之規定其例如前約文中所云『毋蘊年毋蘊利』等是也毋蘊年其義與葵丘約文無遏糴同蓋爲人生問題而起當凶年飢饉之歲不得遽發防穀之令而規定之也

除右各項條約而外列國國際間所規定者尙有關於國際河流之條項見於葵丘

約文中其他則尚有土地交換之約如左氏傳桓二年『鄭以田易許魯田盟於越以結祊成』然其約文不全見僅載其末後宣誓之語其於土地交易法之究竟如何蓋不可得而推測也此外尚有關於列國均勢問題之規定如督揚盟約中所載云『大無侵者』是其約文已見前節故不另具

第三節　條約之履行及擔保

近世條約結後必待批準交換乃生效力春秋時代條約締結後即生効力無須批準也然有甲國使者至乙國與其君主盟後乙國使者復至甲國與其君主盟兩國使者相會盟時亦如之是謂涖盟例如隱七年『陳及鄭平十二月陳五父如鄭涖盟壬申及鄭伯盟鄭良佐如陳涖盟』又哀十八年『秋及齊平九月臧賓如齊涖盟齊閭丘明來涖盟』又成十二年『夏五月晉士燮會楚公子罷許偃盟於宋西門之外秋晉郤至如楚聘且涖盟冬楚公子罷如晉聘且涖盟十二月晉侯及楚公子罷於赤棘』等是蓋當時君主即國家也君主自定條約故無須批準若使者之所締結難保無錯誤其間故更有涖盟之舉涖盟者履行條約之始也至其履行條約

之擔保常爲誓於神前以明不貳并載其言於盟誓之末如桓元年魯鄭土地交換約之末曰『渝盟無享國』又如晉楚同盟約末後所載『有渝此盟明神殛之俾隊其師無克胙國』等語皆是也然此要亦不過所謂宗教上之擔保而已至其物質上之擔保蓋有質子之一例例如宣十二年『春楚人及鄭平楚大夫潘尫入盟鄭子良出質』等是也

第四節　條約之消滅及効力之再見

條約失其効力即條約之消滅也近世國際法學上條約消滅之原因蓋有種種春秋之世則僅有解除（解除乃一種自然的消滅例如兩方意思訂定條約有一方不履行即爲消滅）及戰爭（戰爭則於不消滅之中成一自然消滅之勢）之二方面解除之例如春秋左氏傳桓十二年『公欲平宋鄭秋公及宋公盟於句瀆之丘宋成未可知也故又會於虛冬又會於龜宋公辭平』者是也戰爭之例則有同傳宣十二年『晉原穀宋華椒衛孔達曹人同盟於淸丘曰恤病討貳』鄉不書不實其言也宋爲盟故伐陳衛人救之』者是也然春秋之世有消滅既久後又復履行者

第貳期

例如春秋左氏傳成十二年。晉楚盟於宋西門之外。締結攻守同盟之約曰。『凡晉楚無相加戎好惡同之』越三年傳文。楚將北師子囊曰。『新與晉盟而背之。可乎。子反曰。敵利則進何盟之有』於時前日攻守同盟之約全解。遂釀成鄢陵之戰。其後再互數十年。至哀四年傳文。『楚滅蠻民。蠻子赤奔晉陰地。楚司馬起豐析。使謂陰地之命大夫士蔑曰。晉楚有盟好惡同之若將不廢寡君之願也。士蔑請諸趙孟。趙孟曰。必速與之士蔑乃致九州之戎。誘蠻子而執之。與其五大夫。以畀楚師於三戶』者。是其例也。

第三章　外交關係

第一節　朝聘

春秋時代外交之術雖已發達。然未有完美如近世者。故列國間之交際。尚無有公使駐札他國代表國家之事。有事則君主自往。或另簡大夫使行。君主自往者曰朝。遣大夫行者曰聘。其朝聘之制。關於外交上之關係者。蓋可分爲甲乙二種也

(甲)　儀式的朝聘　春秋列國朝聘。有非因於國際交涉之問題。不過爲修好睦鄰

國際往來間札制之一端者今無以名之姑名之曰儀式的朝聘關於儀式的朝聘則有左之各則也

(一)　君主新立　凡春秋列國君主即位之初其同盟諸國小國則朝覲之大國則聘問之爲列國國際間交涉法之常規例如春秋左氏傳襄元年『九月邾子來朝冬衛子叔晉知武子來聘禮焉凡諸侯即位小國朝之大國聘焉以繼好結信謀事補闕禮之大者也』其新即位之君主亦朝聘於同盟諸國但孰先孰後不知其詳揣度之大概當以道路之遠近或國力之大小而定其先後例如左氏傳文十一年『秋曹文公來朝即位而來見也』又同傳文元年『穆伯如齊始聘焉禮也凡君即位卿出並聘踐修舊好要結外援好事鄰國以衞社稷忠信卑讓之道也忠德之正也信德之固也卑讓德之基也』等是也

(二)　交際常規　春秋列國國際間交涉法之規定常有五年相朝之制例如春秋經僖十年『春王正月公如齊十五年春王正月公如齊』又左氏傳文十一年『秋曹文公來朝十五年夏曹伯來朝禮也諸侯五年再相朝以修王命古

之制也』等是也其他同盟國之對於主盟國朝聘往來之制亦似有一定之度數左氏傳昭三年子鄭大夫大叔對晉梁張趯曰昔『文襄之霸也其務不煩諸侯令諸侯三歲而聘五歲而朝有事而會不協而盟君薨大夫弔卿共葬事夫人士弔大夫送葬』云云等語可想見其一班矣

(三)賀遷　例如春秋左氏傳成文六年『夏四月晉遷於新田冬季文子如晉賀遷也』是也

(四)問疾　例如春秋左氏傳昭元年『晉侯有疾鄭伯使公孫僑如晉聘且問疾』又同傳昭廿年『齊侯疥遂痁期而不瘳諸侯之賓問疾者多在』等是也

(五)弔喪　例如春秋左氏傳文十四年『邾文公卒公使弔也』又同傳昭十年晉平公卒鄭伯如晉』等是也

六)會葬　例如春秋左氏傳襄三十年『秋七月叔弓如宋葬共姬也』『又同傳昭十年『叔孫婼齊國弱宋華定衞北宮喜鄭罕虎許人曹人莒人邾人滕人薛人杞人小邾人如晉葬平公也』等是也

（七）弔災　例如春秋左氏傳莊十一年『秋。宋大水。公使弔焉。曰。天作淫雨。害於粢盛。若之何不弔。』是也。

（八）弔寇　例如春秋左氏傳僖三十三年。『冬。公如齊朝。且弔有狄師也。』又同傳昭六年。『冬叔孫如楚弔敗也。』等是也。

（九）赴喪　例如春秋左氏傳隱七年。『春。滕侯卒。不書名。未同盟也。凡諸侯同盟。於是稱名。故薨則赴以名。告終嗣也。以繼好息民。謂之禮經。』又同傳桓五年『春。正月甲戌己丑陳侯鮑卒。再赴也』等是也。

（十）贈賻　例如春秋左氏傳文九年。『秦人來歸僖公成風之襚。禮也。諸侯相弔賀也。孤不當事。苟有禮也。以無忘舊好』是也。

以上不過畧舉數例。其他類此者。蓋不遑枚舉也。

（乙）政要的朝聘　春秋列國有關係於內政廢舉或聯絡外交等事。因通使命往來者。如朝聘之制。類似儀式。然其因有連及於政治及外交之問題。非僅為儀式之關係而已。今無以名之。姑名之曰政要的朝聘。政要的朝聘則有左之各則也。

（一）通告內亂　例如春秋左氏傳僖五年『晉侯使以殺太子申生之故來告』又同傳僖十一年。『晉侯使以丕鄭之亂來告』。等是也。

（二）通告亡臣　例如春秋經宣十年。春秋經。『齊崔氏出奔衛。』左氏傳文釋之曰。『凡諸侯之大夫違。告於諸侯曰某氏之守臣某失守宗廟。敢告所有玉帛之使者則告。不然則否。』等是也。

（三）通告睦鄰　例如春秋左氏傳隱八年。『春齊侯將平宋衛。夏齊人卒平宋。衛。冬齊侯使來告成三國。公使衆仲對曰。君釋三國之圖。以鳩其民。君之惠也。寡君聞命矣。敢不承君之明德。』等是也。

（四）通告用師　例如春秋左氏傳文十二年。『秦伯使西乞術來聘。且言將伐晉』又同傳襄八年。『晉范宣子來聘。且拜公之辱。告將用師於鄭』是也

（五）通告戰事　例如春秋左氏傳隱十一年。『冬十月。鄭以虢師伐宋。大敗宋師。宋不告命。故不書。凡諸侯有命。告則書。不然則否。師出臧否。亦如之。雖及滅國。滅不告敗。勝不告克。不書於策。』由是視之。凡春秋列國戰事。如或勝或敗

之見於春秋經文者要皆有列國之通告者也

(六) 遠使乞援　例如春秋左氏傳僖二十六年。『東門襄仲如楚乞師』又同傳成十三年『晉侯使郤錡來乞師』等是也。

(七) 求請先容　即求中介也例如春秋左氏傳桓六年『冬紀侯來朝請以王命以求成於齊公告不能』等是也

(九) 謝施報恩　例如春秋左氏傳宣十年『季文子初聘於齊國武子來報聘又如同傳襄十二年』夏晉士魴來聘且拜師（謝前年伐鄭之師也）冬公如晉朝且拜士魴之辱焉禮也等是也

(十) 徵召會盟　例如春秋左氏傳二十六年『晉人爲孫氏故召諸侯將以討衛也夏中行穆子來聘召公也』又同傳定七年秋齊侯鄭伯盟於鹹徵會於衛』等是也　（以上亦不過畧舉數例其他類此者蓋不勝書也）

凡使節之聘於他國也有上介及衆介副之以行至受聘國之國境通名刺於關人士出問來意道之入竟卿出勞之近郊且致之館而後行朝見之式朝見之時使者

奉其所齎之聘物且傳使命於是乎有享禮賓主各賦詩言志以爲常聘禮乃終其後賓介各以個人入見退朝卿大夫勞賓介於其館其去也又有贈賄之禮遇他國之君主來朝亦如之其詳細儀節備見儀禮聘禮篇茲不具錄凡以上之禮節皆周初王室之所規定者也春秋之世亦多行此舊儀式然其間有因乎外交政略之關係而損益於其間者蓋春秋之世列國競爭甚烈各欲保護如國家之優勢用是不得不嚴重瀆視於國際間之交涉於是小國汲汲焉窺大國之鼻息務得其歡心大國亦營營焉謀小國之附從求固其信用以故政略上之禮經遂多所改革也例如春秋左氏傳昭二十一年。『晉士鞅來聘叔孫爲政季孫欲惡諸晉使有司以齊鮑國歸費之禮爲士鞅。士鞅怒曰。鮑國之位下其國小而使鞅從其牢禮是卑敝邑也。將復諸寡君魯人恐加四牢焉爲十一牢』（周禮上公饔餼九牢侯伯七牢子男五牢以諸侯牢禮其各以命數卿大夫來者亦當牢禮如其命數鮑國齊卿不過三命於法當三牢而魯人以齊大國之故爲之七牢今更爲晉卿之十一牢則與以十二牢之禮天子者僅差一牢耳）又同傳昭六年。『夏季孫宿如晉拜莒田也晉侯享之。有加籩。武子退。使行人告曰。小國之事大國也。苟免於討。不敢求貺。得貺不過三獻。（周禮大夫三獻）今豆有加。下臣弗堪。無乃戾也。韓宣子曰。寡君以爲驩也。對曰。寡君猶未敢。況下臣君之隸也。敢聞加貺。因請徹加而後卒事。晉人以爲知禮。重其好貨。」等是也。

至如列國越國朝聘。如君主或使節假道過鄰接國境界時。其鄰接國則致餼饗之或上堂饗之。或又遠使勞之。而使士導盡其國境。使節與其士別時。相爲盟誓。誓不使其屈下侵犯其國境。是國際間之禮儀也。儀禮聘禮篇曰。「若過邦至於境。使次介假道。束帛將命於朝曰。請帥。奠幣。下大夫取以入告。出許。遂受幣。餼之以其禮。上賓大牢。積乃芻禾。介皆有餼。士帥沒其竟。誓於其境。賓南面。上介西面。衆介北面。東上。史讀書。司馬執策立於後。」春秋左氏傳襄二十八年。「蔡侯歸自晉。入於鄭。鄭伯享之。」又同傳昭六年。「楚公子棄疾如晉。聘過鄭。鄭罕虎公孫僑遊吉從鄭伯以勞諸柤。辭不敢見。固請見之。見如見王。以乘馬八匹私面。見子交如上卿。以馬六匹。見子產以馬四匹。見子太叔以馬二匹。禁牧採樵。不入田。不樵樹。不采蓺。不抽屋。

不强匄誓曰有犯命者君子廢小人降等是也。

若夫使節朝聘之事實蓋亦常有一定之權限其於權限外之行動受使之國得以拒絕之例如春秋左氏傳昭十年『諸侯之大夫如晉葬平公也旣葬諸侯之大夫欲因見新君叔孫昭子曰非禮也弗聽叔向辞之曰大夫之事畢矣而又命孤孤斬焉在衰絰之中其以嘉服見則喪禮未畢其以喪服見是重受弔也大夫將若之何等是也。

至於行朝聘之人旣在外國務當愼其言行不致破鄰國之親交是君主及使節對於駐札國當然之義務也春秋左氏傳莊二十三年『夏公如齊觀社曹劌諫曰非禮也』蓋是時齊因祭社而蒐軍實莊公往觀之有窺探其國勢之嫌故曹劌諫其不法其他使節失禮之甚起國際爭議者甚多例如左氏傳文十四年『邾文公之卒也公使弔也不敬邾人來討』者是也。

第二節　會合

會合者國際法上一種之機關二國以上之君主或使節會於一處議事締約之謂

也。春。秋。時。代。此。種。機。關。甚。爲。發。達。今。特。舉。其。當。時。會。合。之。禮。制。分。爲。甲。乙。二。式。如。下。

(甲)和平的會合　春秋之世和平會議最佔多數約可分爲左之各則

(一)尋盟　春秋列國互相角逐其結果乃至有朝爲與國而夕成仇敵者故雖一旦締結條約誓相親好逮歲月既久難保不失條約之効力故有隨時會合相責以實行條約者所謂尋盟是也尋盟之例如春秋左氏傳隱三年。『齊鄭盟於石門尋盧之盟也』又如同傳成七年『爲汶陽之田故諸侯貳於晉。晉人懼會於蒲以尋馬陵之盟』等是也。

(二)修好　春秋之世列國民觀念大大概多含君主即國家之思想故其所訂條約常帶人的性質故雖兩國結盟訂約後或君主有疾病死亡者其條約効力或亦隨之而消滅於是又有隨時會合以修舊好之舉例如春秋左氏桓二年。『公及成盟於唐修好也』(修隱二年之盟好)是也。

(三)求成　兵戎之後再敦和好是謂求成求成之例如春秋左氏傳隱元年。惠公之季年。敗宋師於黃公立而求成也。九月及宋人盟於宿　(林注小國凡盟以國地者國主亦與盟即所謂參盟也）始通也』是也。

（四）郵災　鄰國有天災則其同盟諸國有各相會議以謀救濟之舉是謂郵災是也。

郵災之例如春秋左氏傳襄三十年』爲宋災故諸侯之大夫會以謀歸宋財

（五）主和　鄰國與鄰國兵爭不已有中介國出而爲之會以排解之者例如春秋左氏傳隱九年『齊平釆衛於鄭秋會於溫盟於瓦屋以釋東役之役禮也』又春秋經桓十有二年『夏六月壬寅公會杞候莒子盟於曲池』左氏傳文釋之曰。『夏盟於曲池平杞莒也』等是也。

（六）靖難　鄰有內難或有冦事如國家之位置不安於是如交好不國有爲之會以謀安集之者例如春秋經桓十五年『許叔入於許公會齊侯於艾』左氏傳文釋之曰『公會齊侯於艾謀定許也』是也。

以上所列者不過略舉如數例以示如和平會合者之一班而已如他之種種。蓋有不遑枚舉者也。

摩羅詩力說

令飛

求古源盡者將求方來之泉　將求新源　嗟我昆弟　新生之作　新泉之湧於淵深　其非遠矣

—尼佉—

一

人有讀古國文化史者。循代而下。至於卷末。必悽以有所覺。如脫春溫而入於秋肅。勾萌絕朕。枯槁在前。吾無以名。姑謂之蕭條而止。蓋人文之留遺後世者。最有力莫如心聲。古民神思。接天然之閟宮。冥契萬有。與之靈會。道其能道。爰爲詩謌。聲度時刧而入人心。不與緘口同絕。且益曼衍。視其種人。遞文事式微。則種人之運命亦盡。羣生輟響。榮華收光。讀史者蕭條之感。即以怒起。而此文明史記。亦漸臨末頁矣。凡負令譽於史初。開文化之曙色。而今日轉爲影國者。無不如斯。使舉國人所習聞。最適莫如天竺。天竺古有韋陀四種。瑰麗幽夐。稱世界大文。其摩訶波羅多暨羅摩衍那二賦。亦至美妙。厥後有詩人加黎陀薩者出。以傳奇鳴世。間染抒情之篇。日耳曼詩宗瞿德。至崇爲兩間之絕唱。降及種人失力。而文事亦共零夷。至大之聲。漸不生於彼國民之靈府。流轉異域。如亡人也。次爲希伯來。雖多涉信仰敎誡。而文章以幽邃莊嚴勝。敎宗文術。此其源泉。灌溉人心。迄今茲未艾。特在以色列族。則止耶利米之聲。列王荒矣。帝怒以赫。耶路撒冷遂隳。而種人之舌亦默。當彼流離異地。雖不遽忘其宗邦。方言正信。拳拳未釋。然哀詞而下。無賡響矣。復次爲伊蘭埃及。皆中道廢弛。有如斷綆。燦爛於古。蕭瑟於今。若震旦而逸斯列。則人生大戩。無逾於此。何以故。英人加勒爾曰。得昭明之聲。洋洋乎謌心意而生者。爲國民之首義。意太利分崩矣。然實一也。彼生但丁。彼有意語。大俄羅斯之札爾。有兵刃礮火。政治之上。能轄大區行大業。然奈何無聲。中有或大物。而其爲大也喑。（中略）迨兵刃礮火。無不腐蝕。而但丁之聲依然。有但丁者統一。而無聲兆之俄人。終支離而已。

尼佉不惡野人。謂中有新力。言亦確鑿不可移。蓋文明之朕。固孕於蠻荒。野人狉獉其形。而隱曜即伏於內。文明如華。蠻野如蕾。文明如實。蠻野如華。上征在是。希望亦在是。惟文化已止之古民不然。發展既央。隳敗隨起。況久席古宗祖之光榮。嘗首出周圍之下國。暮氣之作。每不自知。自用而愚。汙如死海。其煌煌居歷史之首。而終匿形於卷末者。殆以此歟。俄之無聲。激響在焉。俄如孺子。而非喑人。俄如伏流。而非古井。十九世紀前葉。果有鄂戈理 N. Gogol 者起。以不可見之淚痕悲色。振其邦人。或以擬英之狹斯丕爾。即加勒爾所贊揚崇拜者也。顧瞻人間。新聲爭起。無不以殊特雄麗之言。自振其精神而紹介其偉美於世界。若淵默而無動者。獨前舉天竺以下數古國而已。嗟夫。古民之心聲手澤。非不莊嚴。非不崇大。然呼吸不通於今。則取以供覽古之人。使摩抄詠歎而外。更何物及其子孫。否亦僅自語其前此光榮。即以形邇來之寂寞。反不如新起之邦。縱文化未昌。而有大望於方來之足致敬也。故古文明國者。悲涼之語耳。嘲諷之辭耳。中落之胄。故家荒矣。則喋喋語人。謂厥祖在時。其爲智慧武怒者何似。嘗有閎宇崇樓。珠玉犬馬。尊顯勝於凡人。有聞其言。孰不騰笑。夫國民發展。功雖有在於懷古。然其懷也。思理朗然。如鑑明鏡。時時上征。時時返顧。時時進光明之長途。時時念輝煌之舊有。故其新者日新。而其古亦不死。若不知所以然。漫夸耀以自悅。長夜之始。即在斯時。今試履中國之大衢。當有見軍人蹀躞而過市者。張口作軍歌。痛斥印度波闌之奴性。有漫爲國歌者亦然。蓋中國今日。亦頗思歷舉前有之耿光。特未能言。則姑曰左鄰已奴右鄰且死。擇亡國而較量之。冀自顯其佳勝。夫二國與震旦究孰劣。今姑弗言。若云頌美之什。國民之聲。則天下之詠者雖多。固未見有此作法矣。詩人絕迹。事若甚微。而蕭條之感。輒以來襲。意者欲揚宗邦之眞大。首在審己。亦必知人。比較旣周。爰生自覺。自覺之聲發。每響必中於人心。淸晰昭明。不同凡響。非然者。口舌一結。衆語俱淪。沈默之來。倍於前此。蓋魂意方夢。何能有言。即震於外緣。强自揚厲。不惟不大。徒增欷耳。故曰國民精神之發揚。與世界識見之廣博有所屬。

今且置古事不道。別求新聲於異邦。而因即動於懷古。新聲爲別。不可究詳。至力足以振人。且語之較有深趣者。莫如摩羅詩派。摩羅之言。假自天竺。此云天魔。歐人謂之撒但。人本以目裴倫。今則舉一切詩人中。凡立意在抗。指歸在動。而爲世所不甚愉悅者悉入之。爲傳其言行思惟。流別影響。始宗主裴倫。終以摩迦（匈加利）文士。凡是羣人。外狀至異。各禀自國之特色。發爲光華。而要其大歸。則趣於一。大都不爲順世和樂之音。動吭一呼。聞者興起。爭天拒俗。迄於死亡。而精神復深感後世人心。

綿延至於無已。雖未生以前。解脫而後。或其聲爲不足聽。若生活兩間。居天然之掌握。輾轉而未得脫者。則使之聞之。固聲之最雄桀偉美者矣。然以語平和之民。則言者滋懼。

二

平和爲物。不見於人間。其强謂之平和者。不過戰事方已或未始之時。外狀若寧。暗流仍伏。時刧一會。動作始矣。故觀之天然。則和風拂林。甘雨潤物。似無不以降福祉於人世。然烈火在下。出爲地囟。一旦僨興。萬有同壞。其風雨時作。特暫伏之見象。非能永刧安易。如亞當之故家也。人事亦然。衣食家室邦國之爭。形現既昭。已不可以諱掩。而二士室處。亦有吸呼。於是生顥氣之爭。强肺者致勝。故殺機之昉。與有生偕。平和之名。等於無有。特生民之始。既以武健勇烈。抗拒戰鬬。漸進於文明矣。化定俗移。轉爲新懦。知前征之至險。則爽然思歸其雌。而戰場在前。復自知不可避。於是運其神思。刱爲理想之邦。或託之人所莫至之區。或遲之不可計年以後。自柏拉圖邦國論始。西方哲士。作此念者不知幾何人。雖自古迄今。絕無此平和之朕。而延頸方來神馳所慕之儀的。日逐而不舍要亦人間進化之一因子歟。吾中國愛智之士。獨不與西方同。心神所注。遼遠在於唐虞。或逕入古初。遊於人獸雜居之世。謂其時萬禍不作。人安其天。不如斯世之惡濁阽危。無以生活。其說照之人類進化史實。事正背馳。蓋古民曼衍播遷。其爲爭抗劬勞。縱不厲於今。而視今必無所減。特歷時既永。史乘無存。汗迹血腥。泯滅都盡。則追而思之。似其時爲至足樂耳。儻使置身當時。與古民同其憂患。則頹唐侘傺。復遠念盤古未生。斧鑿未經之世。又事之所必有者已。故作此念者。爲無希望。爲無上征。爲無努力。較以西方思理。猶水火然。非自殺以從古人。將終其身更無可希冀經營。致人我於所儀之主的。束手浩歎。神質同隳焉。而已。且更爲忖度其言。又將見古之思士。決不以華土爲可樂。如今人所張皇。惟自知良懦無可爲。乃獨圖脫屣塵埃。惝恍古國。任人羣墮於蟲獸。而已身以隱逸終。思士如是。社會善之。咸謂之高蹈之人。而自云我蟲獸我蟲獸也。其不然者。乃立言辭。欲致人同歸於樸古。老子之輩。蓋其梟雄。老子書五千語。要在不攖人心。以不攖人心故。則必先自致槁木之心。立無爲之治。以無爲之爲化社會。而世即於太平。其術善也。然奈何星氣既凝。人類既出而後。無時無物。不稟殺機。進化或可停。而生物不能返本。使拂逆其前征。勢即入於苓落。世界之內。實例至多。一覽古國。悉其信證。若誠能漸致人間。使歸於禽蟲卉木原生物。復由漸即於無情。則宇宙自大。有情已去。一切虛無寧非至淨而不幸進化如飛矢。非墮落不止。非著物不止。祈逆飛而歸弦。爲理勢之無有。此人世所以可悲。而摩羅宗之爲至偉也。人得是力。乃以發生。乃以曼衍。乃以上征。乃至於人所能至之極點。

中國之治。理想在不攖。而意異於前說。有人攖人。或有人得攖者。爲帝大禁。其意在保位。使子孫王千萬世。無有底止。故性解（Genius）之出。必竭全力死之。有人攖我。或有能攖人者。爲民大禁。其意在安生。寧蜷伏墮落而惡進取。故性解之出。亦必竭全力死之。柏拉圖建神思之邦。謂詩人亂治。當放域外。雖國之美汙。意之高下有不同。而術實出於一。蓋詩人者。攖人心者也。凡人之心。無不有詩。如詩人作詩。詩不爲詩人獨有。凡一讀其詩。心即會解者。即無不自有詩人之詩。無之何以能解。惟有而未能言。詩人爲之語。則握撥一彈。心絃立應。其聲澈於靈府。令有情皆舉其首。如覩曉日。益爲之美偉强力高尚發揚。而汙濁之平和。以之將破。平和之破。人道蒸也。雖然。上極天帝。下至輿臺。則不能不以是變其前時之生活。協力而夭閼之。思永保其故態。殆亦人情已。故態永存。是曰古國。惟詩究不可滅盡。則又設範以囚之。如中國之詩。舜云言志。而後賢立說。乃云持人性情。三百之旨。無邪所蔽。夫既言志矣。何持之云。强以無邪。即非人志。許自繇於鞭策羈縻之下。殆此事乎。然厥後文章。乃果輾轉不逾此界。其頌祝主人。悅媚豪右之作。可無俟言。即或心應蟲鳥。情感林泉。發爲韻語。亦多拘於無形之囹圄。不能舒兩間之眞美。否則悲慨世事。感懷前賢。可有可無之作。聊行於世。倘其囁嚅之中。偶涉眷愛。而儒服之士。即交口非之。況言之至反常俗者乎。惟靈均將逝。腦海波起。通於汨羅。返顧高丘。哀其無女。則抽寫哀怨。鬱爲奇文。汒洋在前。顧忌皆去。懟世俗之渾濁。頌己身之修能。懷疑自遂古之初。直至百物之瑣末。放言無憚。爲前人所不敢言。然中亦多芳菲悽惻之音。而反抗挑戰。則終其篇未能見。感動後世。爲力非强。劉彥和所謂才高者菀其鴻裁。中巧者獵其豔辭。吟諷者銜其山川。童蒙者拾其香草。皆著意外形。不涉內質。孤偉自死。社會依然。

四語之中函深哀焉故偉美之聲。不震吾人之耳鼓者。亦不始於今日。大都詩人自倡。生民不耽。試稽自有文字以至今日。凡詩宗詞客能宣彼妙音傳其靈覺。以美善吾人之性情崇大吾人之思理者。果幾何人。上下求索幾無有矣。第此亦不能爲彼徒罪也。人人之心。無不泐二大字曰實利。不獲則勞。既獲便睡。縱有激響何能攖之夫心不受攖。非槁死則縮朒耳。而況實利之念復煔煔熱於中。且其爲利。又至陋劣不足道。則馴至卑懦儉嗇退讓畏葸。無古民之樸野。有末世之澆漓。又必然之勢矣。此亦古哲人所不及料也。夫云將以詩移人性情使即於誠善美偉强力敢爲之域。聞者或哂其迂遠乎。而事復無形。效不顯於頃刻。使舉一密栗之反證。殆莫如古國之見滅於外仇矣。凡如是者。蓋不止笞擊縻繫易於毛角而已。且無有爲沈痛著大之聲。攖其後人。使之興起。即間有之。受者亦不爲之動。創痛少去。即復營營於治生。活身是圖。不恤汙下。外仇又至。摧敗繼之。故不爭之民。其遭遇戰事常較好爭之民多。而畏死之民。其苓落殤亡。亦視强項敢死之民衆。

千八百有六年八月。拿坡崙大挫普魯士軍。翌年七月。普魯士乞和。爲從屬之國。然其時德之民族。雖遭敗亡窘辱。而古之精神光耀。固尚保有而未隳。於是有愛倫德者出。著時代精神篇。以偉大壯麗之筆。宣獨立自繇之音。國人得之。敵愾之心大熾。已而爲敵覺察。探索極嚴。乃走瑞士。遞千八百十二年。拿坡崙挫於墨斯科之酷寒大火。逃歸巴黎。歐土遂爲雲擾。競舉其反抗之兵。翌年。普魯士帝威廉三世乃下令召國民成軍。宣言爲三事戰。曰自由正義祖國。英年之學生詩人美術家爭赴之。愛倫德亦歸。箸「國民軍者何」暨「來因爲德國大川特非其界」二篇。以鼓青年之意氣。而義勇軍中時亦有人曰台陀開納。慨然投筆。辭尾也納國立劇場詩人之職。別其父母愛者。執兵遂行。作書貽父母曰。普魯士之鷲。已以鷙擊誠心。覺德意志民族之大望。吾之吟咏。無不爲宗邦憧。吾將舍所有福祉歡欣。爲宗國戰死。嗟夫。吾以明神之力。已得大悟。爲邦人之自由與人道之善故。犧牲孰大於是。熱力無量。涌吾靈臺。吾起矣。後此之「豎琴長劍」一集。亦無不以是精神。凝爲高響。展卷方誦。血脈已張。然時之懷熱誠靈悟如斯狀者。蓋非止開納一人也。舉德國青年。無不如是。開納之聲。即全德人之聲。開納之血。亦即全德人之血耳。故推而論之。敗拿坡崙者。不爲國家。不爲皇帝不爲兵刄。國民而已。國民皆詩。亦皆詩人之具。而德卒以不亡。此豈竺守功利。擯斥詩謌。或抱異域之朽兵敗甲。冀自衛其衣食室家者。意料之所能至哉。然此亦僅譬詩力於米鹽。聊以震崇實之士。使知黃金黑鐵。斷不足以興國家。德美二國之外形。亦非吾邦所可活剝。示其內質。冀略有所悟解而已。此篇本意。固弗在是也。

三

由純文學上言之。則以一切美術之本質。皆在使觀聽之人。爲之興感怡悅。文章爲美術之一。質當亦然。與个人曁邦國之存。無所係屬。實利離盡。究理弗存。故其爲效。益智不如史乘。誡人不如格言。致富不如工商。弋功名不如卒業之劵。特世有文章。而人乃以幾具足。英人道覃氏有曰。美術文章之桀出於世者。觀誦而後。似無裨於人間者。往往有之。然吾人樂於觀誦。如游巨浸。前臨渺茫。浮游波際。游泳既已。神質悉移。而彼之大海。實僅波起濤飛。絕無情愫。未始以一敎訓一格言相授。顧游者之元氣體力。則爲之陡增也。故文章之於人生。其爲用決不次於衣食宮室宗敎道德。

蓋緣人在兩間。必有時自覺以勤劬。有時失已而惝怳。時必力於善生。時必幷忘其善生之事而入於醇樂。時或活動於現實之區。時或神馳於理想之域。苟致力於其偏。是謂之不具足。嚴冬永留春氣不至。生其軀殼死其精魂。其人雖生而人生之道失。文章不用之用。其在斯乎。約翰穆黎曰。近世文明無不以科學爲術。合理爲神。功利爲鵠。大勢如是而文章之用益神。所以者何。以能涵養吾人之神思耳。涵養人之神思。即文章之職與用也。

此他麗於文章能事者。猶有特殊之用一。蓋世界大文。無不能啓人生之閟機。而直語其事實法則。爲科學所不能言者。所謂閟機。即人生之誠理是已。此爲誠理。微妙幽玄。不能假口於學子。如熱帶人未見氷前。爲之語氷。雖喩以物理生象二學。而不知水之能凝。氷之爲冷如故。惟直示以氷。使之觸之。則雖不言質力二性。而氷之爲物。昭然在前。將直解無所疑沮。惟文章亦然。雖縷判條分。理密不如學術。而人生誠理。直籠其辭句中。使聞其聲者。靈府朗然。與人生即會。如熱帶人旣見氷後。曩之竭研究思索而弗能喩者。今宛在矣。昔愛諸爾特氏以詩爲人生評騭。亦正此意。故人若讀鄂謨以降大文則不徒近詩。且自與人生會。歷歷見其優勝缺陷之所存。更力自就於圓滿此其效力有教示意。既爲教示。斯益人生而其教復非常教。自覺勇猛發揚精進。彼實示之。凡苓落頹唐之邦。無不以不耳此教示始。

顧有據羣學見地以觀詩者。其爲說復異。要在文章與道德之相關。謂詩有主分曰觀念之誠。其誠奈何。則曰爲詩人之思想感情與人類普徧觀念之一致。得誠奈何。則曰在據極溥博之經驗。故所據之人羣經驗愈溥博則詩之溥博視之。所謂道德。不外人類普遍觀念所形成。故詩與道德之相關緣蓋出於造化。詩與道德合。即爲觀念之誠。生命在是。不朽在是。非如是者。必與羣法僢馳。以背羣法故。必反人類之普遍觀念。以反普遍觀念故。必不得觀念之誠。觀念之誠失。其詩宜亡。故詩之亡也。恆以反道德故。然詩有反道德而竟存者奈何。則曰暫耳。無邪之說。實與此契。苟中國文事復興之有日。慮操此說以力削其萌孽者。當有徒也。而歐洲評騭之士。亦多抱是說以律文章。十九世紀初。世界動於法國革命之風潮。德意志西班牙意太利希臘皆興起。往之夢意。一曉而蘇。惟英國較無動。顧上下相迕。時有不平。而詩人斐倫。實生其頌。其前有司各德輩。爲文率平妥翔實與舊之宗教道德極相容迨有裴倫。乃超脫古範直抒所信其文章無不函剛健抗拒破壞挑戰之聲。平和之人。能無懼乎。於是謂之撒但言始於蘇惹。而衆和之後或擴以稱修黎以下數人。至今不廢。蘇惹亦詩人。以言能得其時人羣普遍之誠故獲月桂冠。攻裴倫甚力。裴倫亦以惡聲報之謂之詩商。所箸有訥爾遜傳。今最行於世。

舊約記神既以七日造天地終乃摶埴爲男子名曰亞當。已而病其寂也復抽其肋爲女子。是名夏娃。皆居伊甸更益以鳥獸卉木四水出焉。伊甸有樹。一曰生命。一曰知識。神禁人勿食其實魔乃侂蛇以誘夏娃。使食之爰得生命知識神怒立逐人而詛蛇。蛇腹行而土食人則既勞其生又得其死罰且及於子孫無不如是英詩人彌耳敦。嘗取其事作失樂園。有天神與撒但戰事。以喻光明與黑闇之爭。撒但爲狀。復至獰厲。是詩而後。人之惡撒但遂益深然使震旦人士異其信仰者觀之則亞當之居伊甸。蓋不殊於籠禽。不識不知。惟帝是悅。使無天魔之誘。人類將無由生。故世間人。當蔑弗秉有魔血。惠之及人世者。撒但其首矣。然爲基督宗徒。則身被此名。正如中國所謂叛道。人羣共棄。艱於置身。非強怒善戰豁達能思之士。不任受也。亞當夏娃既去樂園。乃舉二子。長曰亞伯。次曰凱因。亞伯牧羊。凱因耕植是事。嘗出所有以獻神。神喜脂膏而惡果實。斥凱因獻不視。以是凱因漸與亞伯爭。終殺之。神則詛凱因。使不獲地力。流於殊方。裴倫取其事作傳奇。於神多所詰難。教徒皆怒。謂爲瀆聖害俗。張皇靈魂有盡之詩。攻之至力。迄今日評騭之士。亦尚有以是難裴倫者。爾時獨穆亞及修黎二人。深稱其詩之雄美偉大。德詩宗瞿德。亦謂爲絕世之文。在英國文章中。此爲至上之作。後之勸遏克曼治英國語言。蓋即冀其直讀斯篇云。約又記凱因既流。亞當更得一子。歷歲永永。人類益繁。於是心所思惟。多涉惡事。主神乃悔。將殄之。有挪亞獨善事神。神令致亞斐木爲方舟。將眷屬動植。各從其類居之。遂作大雨四十晝夜。洪水氾濫。生物滅盡。而挪亞之族獨完。水退居地。復生子孫。至今日不絕。吾人記事涉此。當覺神之能悔。爲事至奇。而人之惡撒但。其理乃不可詫。蓋既爲挪亞子孫。自必力斥抗者。敬事主神。戰戰兢兢。繩其祖武。冀洪水再作之日。更得密詔而自保於方舟耳。抑吾聞生學家言。有云反種一事。爲生物中每現異品。肖其遠先。如人所牧馬。往往出野物。名芝不拉。蓋斐馴以前狀。復現於今日者。撒但詩人之出。殆亦如是。無足異也。獨衆馬怒其不伏箝。羣起而交踶之。斯則奇爾。

四

裴倫 Byron 名喬治戈登。系出斯堪第那比亞海賊蒲隆 Burun 族。其族後居諾曼。从威廉入英。遞顯理二世時。始用今字裴倫以千七百八十八年一月生於倫敦。十二歲即爲詩。長遊堪勃力俱大學不成。漸決去英國。作汗漫遊。始波陀牙。東至希臘突厥及小亞細亞。歷審其天物之美。民俗之異。成哈洛爾特遊草 Childe Harold's Pilgrimage 二卷。波譎雲詭。世爲之驚絕。次作不信者暨阿畢陀斯新婦行二篇。皆取材自突厥。前者記不信者（對回教而言）通哈山之妻。哈山投其妻於水。不信者逸去。後終歸而殺哈山。詣廟自懺。絕望之悲。溢於毫素。讀者哀之。次爲女子蘇黎加愛舍林。而其父將以昏他人。女偕舍林出奔。已而被獲。舍林鬭死。女亦終盡。其言有抗音。迨千八百十四年一月賦海賊 The coisair 之詩。篇中英雄曰康刺德。於世已無一切眷愛。遺一切道德。惟以强大之意志。爲賊渠魁。領其从者建大邦於海上。孤舟利劍。所向悉如其意。獨家有愛妻。他更無有。往雖有神。而康剌德早棄之。神亦已棄康剌德矣。故一劍之力。即其權利。國家之法度。社會之道德。視之蔑如。權力若具。即用行其意志。他人奈何。天帝何命。非所問也。若問定命之何如。則曰在鞘中。一旦外輝。彗且失色而已。然康剌德爲人。初非元惡。內秉高尚純潔之想。嘗欲盡其心力。以致益於人間。比見細人蔽明。讒諂害聰。凡人營營。多猜忌中傷之性。則漸冷澹。則漸堅凝。則漸嫌厭。終乃以受自或人之怨毒。舉而報之全羣。利劍輕舟。無間人神。所向無不抗戰。蓋復讎一事。獨貫注其全精神矣。一日攻塞特。敗而見囚。塞特有妃愛其勇。助之脫獄。泛舟同奔。遇從者於波上。乃大呼曰。此吾舟。此吾血色之旗也。吾運未盡於海上。然歸故家。則銀釭暗而愛妻逝矣。既而康剌德亦失。其徒求之波間海角。踪跡杳然。獨有以無量罪惡。繫一德義之名。永存於世界而已。裴倫之祖約翰。嘗念先人爲海王。因投海軍爲之帥。裴倫賦此。緣起似同。有即以海賊字裴倫。裴倫聞之竊喜。則篇中康剌德爲人。實即此詩人變相。殆無可疑。已越三月。又作賦曰羅羅。記其人嘗殺人不異海賊。後圖起事。敗而傷。飛矢來貫其胸。遂死所敘自尊之夫。力抗不可避之定命。爲狀慘烈。莫可比方。此他猶有所製。特非雄篇。其詩格多師司各德。而司各德由是銳意於小說。不復爲詩。避裴倫也。已而裴倫去其婦。世雖不知去之之故。然爭難之。每臨會議。嘲傌即四起。且禁其赴劇場。其友穆亞爲之傳評是事曰。世於裴倫。不異其母。忽愛忽惡。無判決也。顧窘戮天才。殆人羣恆狀。滔滔皆是。寧止英倫。中國漢晉以來。凡負文名者。多受謗毀。劉彥和爲之辯曰。人稟五才。修短殊用。自非上哲。難以求備。然將相以位隆特達。文士以職卑多誚。此江河所以騰湧。涓流所以寸析者。東方惡習。盡此數言。然裴倫之禍。則緣起不如前陳。實反招於名盛。社會頑愚。仇敵窺覗。乘隙立起。衆則不察而妄和之。若頌高官而阨寒士。汙且甚於此矣。顧裴倫由是遂不能居英。自曰。使世之評騭誠。吾在英爲無値。若評騭謬。則英於我爲無値矣。吾其行乎。然未已也。縱之異邦。彼且躡我。已而終去英倫。千八百十六年十月。抵意太利。自此裴倫之作乃益雄。

裴倫在異域所爲文。有哈洛爾特遊草之續。堂祥 Don Fuan (人名) 之詩。及三傳奇。稱最偉。無不張撒但而抗天帝。言人不所能言。一曰曼弗列特 Manfred 記曼以失愛絕歡。陷於巨苦。欲忘弗能。鬼神見形問所欲。曼云欲忘。鬼神告以忘在死。則對曰。死果能令人忘耶。復衷疑而弗信也。後有魅來降曼弗列特。而曼忽以志制苦。斥然面之曰。汝曹決不能誘惑滅亡我。（中畧）我。自壞者也。行矣魅眾。死之手誠加我矣。然非汝手也。意蓋謂己有善惡。則褒貶賞罰。亦悉在己。神天魔龍。無以相凌。況其他乎。曼弗列特意志之强如是。裴倫亦如是。論者或以擬瞿德之傳奇法斯忒（人名義云拳）云。二曰凱因（Cain）本事已述之前分。中有魔曰盧希飛勒。導凱因登太空。為論善惡生死之故。凱因悟。遂宗摩羅。比出世。大遭教徒攻擊。則作天地（Heaven and Earth）以報之。英雄為耶彼第。博愛而厭世。亦以詰難教宗。鳴其非理者。夫撒但何由昉乎。以彼教言。則亦天使之大者。徒以陡起大望。生背神心。敗而墮獄。是云摩鬼。由是言之。則魔亦神所手創者矣。已而潛入樂園。至善美安樂之伊甸。以一言而立毀。非具大能力。何克至是。伊甸。神所保也。而魔毀之。神安云全能。況自創惡物。又從而懲之。且更瓜蔓以懲人。其慈又安在。故凱因曰。神為不幸之因。神亦自不幸。手造破滅之不幸者。胡幸福之可言。而吾父曰。神全能也。問之曰。神善。何復惡耶。則曰。惡者。就善之道爾。神之爲善。誠如其言。先以凍餒。乃與之衣食。先以癘疫。乃施之救援。手造罪人。而曰吾赦若矣。人則曰。神可頌哉。神可頌哉。營營而建伽蘭焉。盧希飛勒不然。曰吾誓之兩間。吾實有勝我之强者。而無有加於我之上位。彼勝我故。名我曰惡。若我致勝。惡且在神。善惡易位耳。此其論善惡。正異尼佉。尼佉意謂强勝弱故。弱者乃字其所爲曰惡。故惡實强之代名。此則以惡爲弱之寃諡。故尼佉欲自强。而并頌强者。此則亦欲自强。而力抗强者。好惡至不同。特冀强一而已。人謂神强。因亦至善。顧善者乃不喜華果。特嗜腥羶。凱因之獻。純潔無似。則以旋風。振而落之。人類之始。實自主神。一拂其心。即始洪水。并無罪之禽蟲卉木而殄之。人則曰。爰滅罪惡。神可頌哉。耶彼第乃曰。汝得救孺子衆。汝意脫身狂濤。獲天幸歟。汝曹偷生。逞其食色。目擊世界之亡。而不生其憫歎。復無勇力。敢當大波。與同胞之人。共其運命。偕厥考逃於方舟。而建都邑於世界之墓上。竟無慚耶。然人竟無慚也。方伏地贊頌。無有休止。以是之故。主神遂强。使衆生去而不之理。更何力之與有。人既授神力。復假以厄撒但。而此種人。又即主神往所殄滅之同類。以撒但之意觀之。其爲頑愚陋劣。何可言耶。將曉之歟。則音聲未宣。衆已疾走。內容何若。不省察也。將任之歟。則非撒但之心矣。故復以權力現於世。神一權力也。撒但亦一權力也。惟撒但之力。即生於神。神力若亡。不爲之代。上則以力抗天帝。下則以力制衆生。行之背馳。莫甚於此。顧其制衆生也。即以抗故。衆生同抗。更何制之云。裴倫亦然。自必居人前。而怒人之後衆。蓋非自居人前。不能使人勿後衆。故任人居後而自爲之前。又爲撒但大耻故。故既揄揚威力。頌美强者矣。復曰。吾愛亞美利加。此自由之區。神之綠野。不被壓制之地也。由是觀之。裴倫既喜拿坡崙之毀世界。亦愛華盛頓之爭自由。既心儀海賊之橫行。亦孤援希臘之獨立。壓制反抗。兼以一人矣。雖然。自由在是。人道亦在是。

（未已）

豫省語言變遷考

三代而上。言各異聲。近今九服侏言。雖稍湮墜。然鄉僻殊語。隨地而殊。審所由來。或係古音之轉。此宜按地而求者也。故大而一省。小而一邑。方言之志。均宜各自爲書。況豫省之地。古稱中州。爲文物所萃集。其言文多爲他鄉所效。則古音古義存者滋多。惟非徵之古昔之言。無以證今音之轉易。試即豫省語言之變遷考之。昔管子之論民聲也。謂五方之地。川原泉壤。其淺深廣狹不同。故五方之民。其聲音淸濁高下。亦各不同。是則語言之殊。由于民性。民性之殊。由于風土。爾雅釋地云。河南曰豫州。李巡注曰。河南其氣著密。厥性安舒。故曰豫。豫、舒也。劉熙釋名亦曰。豫州地在九州之中。京師東都所在。常安豫也。是豫州因民性安舒得名。故豫省之言。舒緩平直。無詰屈之音。悉與民性相合。是猶徐州以民性安徐得名。而語音亦舒朗。揚州以民性輕揚得名。而語音亦輕勁也。此古今豫省語言相同之點。其古今不同者。大抵三代之時。豫省之地。稱爲東夏。夏即中國之人也。其語言謂之雅。言雅訓爲正。猶今日所謂官話也若豫省南陽宛葉南陽密邇襄漢則古人謂之南音與雅言殊周南之詩即南陽南郡間之音也是三代之世豫省南北語音自各不同詩鼓鐘篇曰以雅以南豫省之音殆界于雅南之間者歟且當此之時豫省之地邦國環列而各邦之中咸操土音故周詩十五國風即各操土音之詩也其作于豫省者東南之境爲陳則宛邱以下之詩也河北則邶鄘衛則柏舟以下之詩是也河南爲鄭則緇衣以下之詩是也鄭西爲主都則黍離以下之詩是也鄭之附近爲檜則羔裘以下之詩是也再東北則爲曹（曹亦兼有河南地）則蜉蝣以下之詩是也其詩雖同列國風然叶韵或別或所用助字殊文豫省古言之不同即此可證至于周末諸子著書亦或用方言之字墨子爲宋人故墨子一書多睢泗間故語莊子爲蒙人故莊子一書多蒙亳間遺言至屈宋楚詞則又拾宛葉以南之語古代豫民之言具于玆矣及漢儒揚雄本輶軒所奏籍著爲方言標六代之絕文考五方之異聲豫省殊言記載尤衆有所謂陳語者（卷二怒陳謂之苛卷七憚陳曰懷共計二條）則陳州附近之言有所謂宋語者（卷一至字條艐宋語也僅一條）則歸睢附近之言有所謂宛野之語者（卷八宛野謂鼠爲雞堇一條）則南陽附近之言有所謂陳東鄙之語者（卷六藏陳之東

鄙曰摩僅一條則亦陳亳附近之言。此皆偏隅之言也。此例以外。有陳宋並言者。（卷二盛陳宋之間曰倗僅一條）有梁宋並言者。（卷二愧梁宋曰慝卷六梁宋之間蚍蜉𪕮鼠之場謂之坻卷八䳢鳩梁宋之間謂之鷦共計三條）是皆豫東之言。有淇衛並言者。（卷十三蘮淇衛之間謂之牛筐僅一條）是皆豫北之言。有宋衛並言者。（卷一懼宋衛之間凡怒而噎噫謂之脅閱卷二徵宋衛之間曰殗卷三同宋衛之間曰綷共計三條）有宋魏並言者。（卷一好宋魏之間謂之孅卷五臿宋魏之間謂之鏵又云杷宋魏之間謂之渠挐又云僉宋魏之間謂之欇殳又云篧宋魏之間謂之筌卷十一蟒宋魏之間謂之蚮共計六條）是爲豫東與豫北相同之言。有陳鄭並言者。（卷一凡人語而過陳鄭之間曰敦又云跳陳鄭之間曰䠯共計三條）是爲豫東與中部相同之言。有周鄭並言者。（卷一凡物之壯大者而愛偉之周鄭之間謂之嘏卷二餘周鄭之間曰藎或曰子共計二條）又有所謂自關而東周鄭之間者。（卷二勉自關而東周鄭之間曰勔僅一條）是爲豫西與中部相同之言。有陳潁並言者。（卷二來陳潁之間曰儀僅一條）有宋潁並言者。（卷二抱嬔宋潁之間或曰嬔又云遽宋潁之間曰奄共計二條）是爲豫南與豫東相同之言。有陳宋鄭衛並言者。（卷二䮧陳宋鄭衛之間謂之帗縷僅一條）有宋衛韓鄭並言者。（卷二矑瞳之子守衛韓鄭之間謂之鑠僅一條）是爲豫東豫北及中部相同之言。有宋衛汝潁並言者。（卷一信宋衛汝潁之間曰詢僅一條）是爲豫東豫北與南豫相同之言。有嵩洛之南陳潁之間並言者。（卷四幏巾也嵩岳之南陳潁之間謂之帑亦謂之幏卷七熟嵩岳之南陳潁之間曰烹共計二條）是爲豫南豫東與中部相同之言。有關東周洛韓魏並言者。（卷五繘自關以東周洛韓魏之間謂之綆僅一條）有關東周鄭韓魏並言者。（卷八鳩自關而東周鄭之郊韓魏之都謂之鵖鷎僅一條）又有所謂自關而東周洛韓鄭汝潁而東者。卷九車紂自關而東周洛韓鄭汝潁而東謂之緻或謂之曲綯或謂之曲綸僅一條　是爲豫西豫北豫南及中部相同之言此皆特別語言以豫省一隅爲限者也若夫方言之中有所謂自關而東者。卷一迎自關而東曰逆卷三汁自關而東曰協又云洿自關而東或曰浬或曰氾又云艸木刺人自關而東或謂之梗或謂之劌卷四履中有木者自關而東謂之複履卷五甑自關而東謂之甗又云扇自關而東謂之箑又云簟之粗者自關而東或謂之籧篨卷六取自關而東謂之掩卷八鳲鳩自關而東謂之戴鵀又云蝙蝠自關而東謂之服翼又云雁自關而東謂之鴚鵝又云桑飛自關而東謂之工爵又云鸝黃自關而東謂之鶬鶊卷九箭自關而東謂之矢又云劍削自關而東或謂之廓或謂之削又云盾自關而東或謂之盾或謂之干又云舟自關而東或謂之舟或謂之航卷十一蛥蚗自關而東謂之虭蟧或謂之蝭蟧或謂之蜓蚞又云蟦自關而東謂之蝤蠀又云蚰蜒自關而東謂之螾䗭或謂之入耳卷十三冢自關而東謂之邱共計二十一條　關東對關西而言豫省之地即該于關東之中又有所謂自山而東者。卷二快自山而東或曰逞卷六改自山而東或曰悛或曰懌共計二條　其所指之地與關東同又有所謂自山而東五國之郊者。卷七皆自山而東五國之郊曰簽僅一條　五國者即韓趙魏燕齊也豫省之地咸該于中嗣外別有中夏之言。卷十云頷中夏謂之頷又云覶或謂之䜌中夏語也共計二條　中夏者對乎南方吳楚而言也豫省之地半該其中蓋此均豫省之言同於東北各境者不僅以豫境爲限。殆方言所謂通語歟。然通語之外亦有非通語而與他省之言相同者或僅限于豫省偏隅如方言之中有齊陳並言者。卷七離字條齊陳曰斯僅一條　有齊宋並言者。卷一黨曉哲知也齊宋之間謂之哲又云平原謂啼極無聲謂之嗷咷齊宋之間謂之瘖又大字條云齊宋之間曰巨曰碩卷六擾字條云齊宋曰㛄共計四條　有魯宋並言者。卷一註字條適魯宋語也卷六重宋魯曰錘又云失宋魯之間曰台又云弥宋魯曰呂又云㹃宋魯曰膂卷七宋魯凡相惡謂之諄憎共計六條此豫東之言同于山左者也有兖豫河濟並言者。卷五甕兖豫河泲之間謂之[illegible]計一條亦與上例同有陳楚並言者。卷一哀字條陳楚之間曰悼又鄭字條陳楚之間謂之摸又云餥飵食也陳楚之內相謁而食麥饘曰餥卷五牀陳楚之間或謂之笫卷十一蠅陳楚之間謂之蠅其計五條有梁楚並言者。卷二奇字條梁楚之間謂之踦卷六遠梁楚曰遙其計二條有陳楚之郊南楚之外並言者。卷一凡陳楚之郊南楚而外相謁而餐或曰飵或曰鲇卷二眄字條陳楚之間南楚之外曰睇共計二條有陳楚荊楊並言者。卷六邪陳楚荊楊曰陂僅一條有江淮陳楚並言者。卷二木細枝謂之杪江淮陳楚之內謂之篾卷三代字條江淮陳楚曰侹卷四襌江淮陳楚之間謂之𧝓卷五篗江淮陳楚之間謂之錡或謂之纖又云刈鉤江淮陳楚之間謂之鉊卷六聾陳楚江淮之間謂之聳卷八貔陳楚江淮之間謂之貅其計七條有陳宋淮楚並言者。卷九車下鐵陳宋淮楚之間謂之畢僅一條又有所謂自關而東陳楚之間者。卷五戶鑰自關而東陳楚之間謂之鍵計一條此豫省東南之言同于淮南及江南者也有宋魏陳楚江淮並言者。卷五薄宋魏陳楚江淮之間謂之苗又云槌宋魏陳楚江淮之間謂之植其橫宋魏陳楚江淮之間謂之𢂵所以縣𢂵宋魏陳楚江淮之間曰間共計四條有宋楚魏並舉者。卷五盂宋楚魏之間或謂之盌僅一條有陳楚宋魏並言者。卷五𥶡陳楚宋魏之間或謂之篿或謂之𥫗或謂之瓢又謂簪篙陳楚宋魏之間謂之筲又云甂陳魏宋楚之間謂之甋又云所以注斛陳魏宋楚之間謂之篝又云箕陳魏宋之間謂之籮又云𦪷陳楚宋魏之間謂之牆居又云鉤宋楚陳魏之間謂之鹿觡卷八鷄陳楚宋魏之間謂之鸊鵜卷九車枸簍宋魏陳楚之間謂之篷共計九條又卷五碓機陳魏宋楚自關而東謂之梴𥗠卷三自關而東陳魏宋楚之間保庸謂之甬別二條有宋衛南楚並言者。卷二鷩字條宋衛南楚凡相驚曰獡或曰透僅一條又有所謂自關而東陳楚宋衛之通語者。卷十三飴謂之餳自關而東陳楚宋衛之通語也僅一條此豫東及豫北之言同于江淮之南者也有齊宋之郊楚魏之際並言者卷一凡物盛多齊宋之郊楚魏之際曰夥僅一條　有齊楚宋衛荊陳並言者。卷七讓齊楚宋衛荊陳之間曰譙僅一條　有齊楚陳宋並言者。卷六儋齊楚陳宋之間曰攍僅一條　有東齊陳宋江淮之間並言者。卷七強東齊陳宋江淮之間曰彈憸僅一條　有梁宋齊楚北燕並言者。卷五櫪梁宋齊楚北燕之間謂之樎僅一條　則豫東豫北之言同于南方者兼與山左及燕冀相同有魯衛並言者。卷一登魯衛曰郅僅一條　有東齊魯衛並言者。卷六老東齊魯衛之間凡尊老謂之傁又謂之艾僅一條　此豫北之言同于山左者也有宋魯陳衛並言者。卷一大宋魯陳衛之間謂之嘏或曰戎僅一條　此豫東豫北之言同于山左者也有宋趙陳魏並言者。卷六舍車宋趙陳魏之間謂之稅僅一條　有晉魏河內並言者。卷一殺晉魏河內之北謂惏曰殘僅一條　此豫東豫北之言同于山右也有韓楚並言者。卷九輪韓楚之間謂之軝或謂之軑僅一條　有楚鄭並言者。卷二猾楚鄭曰蔿僅一條　此豫省中部之言同于南方者也有南楚宛郢並言者。卷九三刃枝南楚宛郢之間謂之匽僅一條　有荊汝江湘並言者。卷十荊汝江湘之郊凡貪而不施謂之亄或謂之嗇或謂之悋僅一條　有淮汝之間並言者。卷十棄淮汝之間謂之投　有汝潁淮泗並言者。卷十額汝潁淮泗之間謂之顏僅一條　此豫南之言同于南方者也有周鄭宋沛並言者。卷二息周鄭宋沛之間或曰曦或曰鱠僅一條　此豫東及中部之言同于徐方者也有周洛楚魏並言者。卷五梼蘀自關而東周洛楚魏謂之倚佯僅一條　此豫北豫西之言同于南方者也有周鄭之郊齊魯之間並言者。卷二來自關而東周鄭之郊齊魯之間曰或佫曰懷僅一條　此豫西及中部之言同于山左者也有楚衛並言者。卷九轅楚衛之間謂之輈僅一條　此豫北之言同于南方者也有秦晉宋魏並言者。卷一秦晉宋魏之間謂殺爲劉僅一條此豫東豫北之言同于山右及關西者也若夫關東西並言。卷二騷關西關東皆曰蟾卷三及關之東西曰遻或曰及又云詐自關而東西或曰謫或曰膠卷四襌衣關之東西謂之襌衣又云緉繳絞也關之東西或謂之緉或謂之繳絞卷八豬關東西或謂之彘或謂之豕卷九鍇關之東西曰鋡共計七條或山之東西並言。卷六懟山之東西自愧曰恧又云山之東西凡難貌曰展卷七蹬關之東西或曰蹻又云縣關之東西曰抗共計四條則又豫省之言同于關中者也自是以外又有齊魯宋衛陳晉汝潁荊州江淮之間並言者。卷二計齊魯宋衛陳晉女潁荊州江淮之間曰庇或曰寄僅一條則又豫東豫南豫北之言悉與山左山右楚北相同彙而觀之則漢代之時豫省語言其與他境或同或異者均可援此以知矣。

（未完）

豫省近世學派考

昔禮記王制篇、言廣谷大川民生其間者異俗。蓋五方地氣。有寒暑燥溼之不齊。故民羣之習尙。悉隨其風土爲轉移。而學術之變遷。又因民羣之習尙而起。悉即豫省古今之學術衡之。史記貨殖傳、謂潁川南陽夏人所居。故潁川之民敦愿。南陽俗雜妓事業。自淮北、沛、陳、汝南南郡。其俗剽輕。寡于積聚。梁宋之民。重厚多君子。能致蓄藏。鄭衛俗與趙相類。然近梁魯。微重而矜節。好氣任俠。漢書地理志所載畧同。此豫省習尙之大略也。惟梁宋之民重厚。故墨學興于宋。篤于尊天明鬼。倡言節用。則因宋民好蓄藏之故也。惟鄭衛之民好俠。韓故鄭封。故鄧析以刑名倡于鄭。而韓非申不害均起于韓。倡以法治國之說。則以國多奸民。非法不足以示威也。由是而言。則學術緣地而區。益可證矣。蓋豫省地勢平曠。地多原野。故士務朴學。崇尙躬行。漢魏以降。經師文士。多崛起其中。而中州之地。遂爲人文淵藪。至于北宋。康節二程。均爲豫產。程門弟子。篤守師說。揭致知主敬爲綱。是爲洛學盛行之始。及于宋末。姚樞許衡。得紫陽遺書。是爲豫人知閩學之始。然治洛閩之學者。大抵尺步繩趨。偏執固滯。以自錮其心思。由元迄明。北方學者。專主紫陽一家之學。澠池曹氏。涇野呂氏。均躬行禮敎。不雜玄虛。故王學盛行之世。學士大夫。鮮從其說。（豫省爲王學者僅王玄庵一人而陽明又稱其無求益之心此豫民不事虛學之證）豈非士務朴學。崇尚躬行之故哉。及明清之交。幽冀之學。播于豫省。而豫學始日昌。一爲容城孫氏之學。博野孫夏峰。以義俠著聞。繼講學百泉。持朱陸之平。不廢陽明之說。甞謂當門宗分裂之際。使承學之士。知反而求之事物。係晦翁之功。然晦翁既歿。學病務實。詞章繁興、使人反求之心性。又係陽明之功。惟陽明既歿。學病導虛。不得不思補救。（歲寒堂集） 故所作理學宗傳。于宋儒兼崇朱陸。於明儒則兼取薛王羅顧。又謂朱陸不同。豈可相非。（亦見歲寒堂集） 于王氏性無善惡之旨。又引伸其詞。蓋以己意進退衆說者也。惟所學既近于模棱。故從其學者。雖多躬行實踐之士。然介于兩端之間。而不知所裁。如張沐耿介。均傳孫氏之學。張氏之主于存心。故近世湘省唐氏。作國朝學案小識。列之心宗。然于紫陽之學。亦奉爲準的。尤重龜山延平之書。耿氏崇尚心宗。與張氏同。然格物之說。則宗程朱。別有睢州湯斌。作宦之餘。欲以孫門弟子自重。乃執贄夏峯之門。然觀其所上夏峰書。亦篤信李氏二曲之學。以簡易直截爲宗。迨及晚年。則又囿于習俗。改宗程朱。然于陸王之說。亦未嘗直斥其非。蓋假調停學術之名。以陰爲媚世弋榮之計。立言雖與夏峯同。然有爲己爲人之別。時浙有陸隴其閩有李光地均宗朱子與湯氏同爲僞學惟作吏有聲。稍勝于酷吏之所爲。此一派也。一爲博野顏氏之學博野顏習齋。悟宋明學術之失。以爲堯舜之道。在六府三事。周公敎士以三物。孔子以四敎。無事則道與治俱廢。故所學以事物爲歸。不以空言立敎。常南游中州。張醫卜于開封。以物色豪傑。得李子青李子青者、字木天、商水人、爲鄉里大俠、好技擊、習齋至開封與木天遇於逆旅、木天見習齋携短刀、曰儒者亦學此乎、因請與試、自謂技不若、乃遂其三子珧順貞再拜从游習齋敎之折節學禮、後卒有聞與恕谷交、朱超習齋游開封、于市間遇一少年、貌甚偉、問其姓名、曰朱超越千也、叩其志不恆、沽酒與飲、半醉起舞、作七言古詩告別、於逆旅。兼與張沐孫鐘元交。豫省之士。多游其門。湯陰朱敬傳其禮樂書數。兼考水火之學。朱敬、字主一、湯陰人、明宗室也、性孝友、聞習齋名不遠千里、率其少子本良至博野、从游、習禮樂書數、兼考水火諸學、嘗言明亡天下、以士不務實而囿虛習、其禍則自成祖之定四書五經大全、始三百年來、僅一陽明、能建事功、而攻者、至今未已、皆由科學俗學入人之蔽、己深故也識者是之、河南謝在修。傳其歷數之學謝在修、字野臣河南人、長于歷數之學師事習齋、焉上蔡王延祐。鄢陵劉从先。均从習齋肄禮。王延佑字次亭上蔡人初从張沐游後從學習齋習冠昏諸禮劉从先字穎生鄢陵人从齋問喪祭禮別有河南周璕璕、字崑來、聞恕谷論學、謀執摯、恕谷辭引之師事顏習齋、王蔭千鄢陵韓旋元(旋元見習齋存學存性編稱善、遂从學焉、)均爲顏氏及門弟子。及習齋授學李恕谷。豫中之士若湯陰朱和(朱敬子師事恕谷)睢州孔興泰(興泰字林宗、睢州人、从學恕谷精于曆數之學、撰大衍精義、)河南齊愉郭同均受業李氏之門。是爲顏門再傳弟子。此又一派也。此二派者。均起源幽冀。而孫氏顏氏。又均從俠入儒。抱有爲之志。挹鬱不伸。乃假講學以自遣、乃受其學者。雖各得其學術之一偏。然行事或與孫顏異趣。由是俠風不振。儒學大昌。而當時所謂儒學者。又大抵墨守程朱之言。言規行矩。莫或稍越。其尤甚者。則假儒術以自飾。(以湯斌爲始)如儀封張伯行。篤信朱學。當時號爲儒臣。然外有賢吏之名。內藏貪汚之實。(見王與中白田艸堂集)莊子言儒以詩禮發冢。其此之謂乎。(伯行之以學媚世、與湯斌同、湯處王學未衰之世調停朱陸、伯行之世、則朝廷獎勵朱學而伯行恃之以進曹、)蓋豫人喜言踐履。故高者偏于迂拘。下者用之以售僞。及宋學之焰既衰。士宗漢學。偃師武億。考證精審。尤長金石之學。著經讀考異諸書。所學亦偏于徵實。繼其後者。有光州吳葆晉。長于金石校勘。商城楊鐸。以小學擅長。從王筠許瀚游。克通古訓。雖所得至微。然足證豫省之學。迥異於導虛古代務朴之遺風。猶有存者。儻以徵實之學。提倡於其間。則豫省學術之昌。豈迥出東南諸省下哉。

二十世紀之黃河（續第一期）

悲谷

十現黃河所經之路及其形勢。

河源發於崑崙。至積石而入中國。又東經河州城北。大夏河（即灕水）入焉。又東北經蘭州境。『其西則湟水合浩亹水注之。其南則洮河流入焉』又東北經全鄉縣北六十里。入亂山中。危湍仄澗。東北凡二百里。而入靖虜衛界。又東北經寧夏中衛南。又東經靈州衛北。又東北經寧夏衛東南。『河至此。土民多引水溉田。因上源勢緩而無泛漲。且泥沙未甚。故引河爲宜也。』又東北入榆林西境。經古三受降城南。又東折而南經榆林之東。『大河自榆北至山西太原府河曲縣境。其間曲折廻環。幾三千里。古爲朔方地。今謂之河套。乃中外之巨防也。』又南經府谷縣東。又經神木縣南。而入葭州境。東河之東岸爲山西臨縣及永寧州寧鄉縣。又南經清澗縣東。又南經延川縣及延長縣東。河之東岸爲山西之石樓縣及永和縣大寧縣境。『清澗縣東無定河自西北入焉。』又南經宜川縣東。河之東岸。爲山西吉州及寧鄉西境。『至吉州宜川境。有孟門山壺口山在焉。南爲寧鄉至韓城。兩岸羣山列峙。稱險固焉。』又南經韓城東及郃陽縣東。河之東岸。爲山西河津縣（即古耿邑商祖乙都）及滎河縣臨晉縣西境。『大河在韓城東北八十里。龍門山在焉。滎河縣西去大河不及一里。汾水自西北入等。』又南經朝邑縣東。又南經華陰縣東北。而渭水入焉。（即禹貢導渭入河處）河之東岸。爲山西蒲州。又南過雷首山。乃折而東也。『山西之蒲津關。亦曰臨津關。與朝邑之臨晉關。夾河相對。爲古今設險之處。又南則涑水流入焉。經雷首山折而東。其地謂之河曲。即春秋秦晉戰於河曲之地。河流自東勝州折而南。幾千八百里。自壺口龍門以至潼關。兩岸重山翼帶深險。而華山復橫亘其中。河於是復折而東入河南界。』兩岸自陝西潼關入閿鄉縣境。』衛志城北一里。水中有石。高出丈餘。河水漲。其石不沒。亦謂砥柱石。西有潼水。源出潼谷入河。』『按東南有潼關故城。古挑林塞。即崤函也。亦曰函谷。』『秦志函谷關在漢宏農縣。即今靈寶縣西南十一里。漢武帝徙新安。

即今新安縣東一里故關是也。隋大業七年。移於南北鎮城間。唐天授二年。又移向北近河爲路。即今關也。其地上躋高嵎。俯視洪水。河之北岸爲風陵津。又北至蒲關六十里。河山之險迤邐相屬。』又經靈寶、陝州、淹池、新安、孟津、鞏縣。『靈寶、西有至澗水、全鳩水、郎水。東有盤澗水。西南有阿對泉。東南有峴山。曹陽水出此入河。西南有石堤山。相谷水出此入河。又有石燭山。燭水出此入河。又有門水。自洛南縣流入。亦名宏農澗。又有豐盛等五十渠。引山水灌田。陝州東北四十里有砥柱山。在黃河中。即禹貢所謂砥柱也。又有公主河在三門山左。唐開元中。借此通漕以避三門之險。約百丈許。復入於河。西有七里澗。自南山入河。西南有譙水。東有淯水。自永寧流北入於河。澠池東有澠池山。澗水出焉。西南有馬頭山。穀水出焉。黃河自三門集津下迄釣魚嘴。奔流迅急。舟筏難渡。孟津、兩岸平濶。河勢漸盛。潰決之患。從此而始。唐時築石堤。當河陽平津兩縣。岸高五丈。濶如之。延六七十里。今南岸尙有二三里。因無人修繕。盡廢。鞏縣亂石山下有五泉入洛』。又東經汜水河陰至滎澤而南岸。始有堤工。以下言堤

河南

北岸自山西垣曲縣入濟源縣境。經孟縣、温縣、武陟。『濟源北有濟瀆。東南流入孟縣。禹貢導沇水。東流爲濟。西南有淇水。東經孟縣入河。西南有湛水注河。西有瀵水入沁。北有沁水。自陽城流河內孟縣。南有孟津。一名陶渚。西南有冶坂津。北有沇水。即濟水也。又有淇水合流入河。温縣西有濟水入河。武陟南有清風嶺。瀕河東有沁水。自河內縣至南賈村入河。其支流入縣北東引灌田二千餘頃。』北岸至武陟。而始有堤工。以下言堤。自此而鄭州、原武、湯武、中牟、祥符、陳留、封邱、蘭儀、入山東直隸界

十一、黃河之堤。 黃河之堤。亦工政一大問題。僅就河南而論。兩岸其長不下千里。南岸大堤自滎澤舊民堤起至江南碭山縣止。通長五百二十六里四十八丈五尺。月槐等堤通長一百三十九里十一丈五尺。北岸大堤自武陟沁堤頭起至山東曹州堤界。合遙月堤、月格堤、石撑、堤通長四百二十八丈。其築法以就近挑挖之土方。一丈高一尺爲一方。然有上方下方之別。有崗挑乘築之分。又挑河有起土淺深之不同。築堤亦有運土主客之不同。其土方工價更

有人力強弱之不同。初堤基之土。用大石夯硪之。或以七寸爲一層。夯至五寸。或以一尺爲一層。夯至七寸。然後加土如前法。每堤高一尺。兩面坦坡寬尺如。高一丈築寬六丈之堤。再加堤身二丈。則頂寬二丈。底寬八丈。高一丈。用勾股法計之。每丈計築成上方土五十方。每方工價銀一錢五分。需銀七兩五錢。此主土也。至於客土者。迤遠挑運之土。爲準者也。定例以五十大蘿爲一方。每蘿重二百餘觔。每方約重萬觔。合計運搬夯硪。需銀二錢一分。只築成上方土七分。此客土也。耑挑者。止挑去河身之土。而不係築堤者也。兼築者。用挑河之土。以築堤也。上方下方者。以築成堤之實土。爲上方。土塘所取之鬆土。爲下方。然。一堤之中。又有上方下方之分。如築堤一丈。則以平地起至五尺。爲下方。自六尺至一丈爲上方。如築堤一丈二尺。則以六尺以下爲下方。七尺以上爲上方。此堤工之情形大概也。至於堤之種類。則有四等。曰遙。曰逼。曰曲。曰直。防河者。因變從權。四者並用。非不爲善。然徒以土堆遠爲防衛。終非永久純全善法也。蓋遙者。利於守堤而不利於深河。逼者。利於深河而不利於守堤。曲者。束河

河南

雖便而費鉅直者費省而東河不便故太遙則水漫流而河身必墊太直則水溢洲而河身必淤是以創險之處時有所見乃一聽其衝突而不可過南岸逼近省城北岸迫近漕河皆吃緊處也如滎澤之小院村中牟之黃煉集祥符之瓦子坡槐疙疽劉獸醫口陶家店張家灣和驛兎伯岡埽頭集陳留之王家樓蘭儀之趙皮寨儀封之李景高口普家營商邱之揚先口此皆南岸最險處也又滎澤之甎家莊郭家潭湯武之脾沙原武之屆王口封邱之于家店司寨中灤城荊隆口祥符之黃淩岡陳橋貫台馬家口陳留塞蘭陽之銅瓦廂板廠欒家庄馬妨營儀封之乞泥河煉城口三家庄考城之陳陛莊芝蔴莊考城口此北岸最險處也夫治河如治病不探其源窮其委僅就一時一處形勢上治河此所以至今險處仍如此其衆勞費仍如此其無已時也故萬恭治筌蹄有曰黃河自宿遷而下河博而流汎治法宜縱之必勿堤宿遷而上河窄而流舒治法宜束之亟堤可也又徐邳水高而勢平泛濫之患在上宜築堤以制其上河南水平而勢高衝刷之患在下宜捲埽以制其下不知者河南以堤治是滅踵

崇項者也。徐邳以埽治。是摩項擁踵者也。其失策一也。

十二治河以所得足償所失。　黃河南北堤。相距約四十餘里。河身寬五里至十五里。水深三尺至二十餘尺不等。若河身縮至三里。別水之平均約深四十餘尺。黃河兩堤以內。皆肥沃之地。而新現出之灘更佳。使河身縮至三里。則黃河兩岸。可得沃田兩萬餘方里。約六七萬頃。每畝以賣價五圓計之。約得六七千萬圓。治河每里工費以五萬圓。則千里之河。始用五千萬耳。似此以所應得之地。即可償治河之工費而有餘。河南山東黃河一治。則蘭州五千餘里通航。運易如反掌耳。合蘆漢開濟開潼西洛諸鐵路之價值。尚不及此。何竟舍之。不顧也。

十三治河初著手之大要。　兩岸均自滎澤起工。着手之大要有十一。必繪所擬河身之寬度。及相近河濱之圖。并圖內須記各處河水之深數。二必指出秋冬水之漲落最大之數。又河底用鑽法。查得其爲何種泥。何種石料。近岸之處所有土石。屬於何層何類及其河底。爲宜於控泥。或打樁。或做泥水工。或船拋錨與否。所擬做之工程。此項最要。三其河水內所有活動之沙。或移動之礫生。或含在水內之沙。及水漲或河流動之方向。並前多年所改變之事并河岸或漲或坍。均須指明。四必指出常吹風之方向。並受最大風浪之方向。又如有極大之風。則必指出其性情及力量。又冬季凍冰之厚薄遠近久暫。及每年風火時及風浪靜時之日數。從此可推算河底做工程之時。五必擇要口建埠築港。其港口內所能容出入之船。歸何種類。裝若干噸數。入水若干深。又其港口如已經有便於往來船貿易及起落貨物之法。并堆儲貨物之棧房等事。亦須指出。六所有馬路鐵路。於他小河道或相通者。指明其高於黃河面若干尺。便於造若干高之港。七如擬做工程之處。有連根之大石。或能移之石。或舊工程之遺趾。或別種阻碍打樁及阻泥水工之各事。皆須指明。八工程所需用之機器。及一切器具等事。以及用控泥機器。控起之泥沙。必運到深洋若干遠。方可放下。九須言明本處之水土及天氣如何。又常用建造之材料與人工。并本處能否得材料與人工。又必特言何種土。石何種水內能結之灰、為

第　貳　期

最易得者、又本處有無乾淨礫石。及沙子便於合灰成大料之用又本處所能。得之木料便於打樁、及做架子。又木料能否合用。有被木蟲白蟻、或天氣侵蝕之事否。十須指明其新工程所定之章程。有准行之憑據。又擬用何法等類。又用何法得利。並一切與各事相關者。俱要言之。然後實行。開辦庶估計有端。而首緒可就也。

十四治河開始之要工。　治黃河必先使河深而歸於一道。各國挑河。用挖泥機器。其器在千八百七十七年之前七年內大有進益。所以港口河道工程。更易辦理。近來控泥之費。比運到別處之費。更省。所以不必用從前在河口築壩做堤等法。在舊法因其何水距海更遠。而欲收窄其口。則水流更速。藉以衝刷泥沙。但近來用控泥機器。隨時開濬何口。便於船隻周年出入。爲更便宜。此種工程。尋常辦法有兩種。一令控泥船自行到深洋放泥。一用駁泥小輪船運泥放入海洋。如英國哥來的何與帶尼兩河。近來所造工程。今各等船便於出入。俱因多用挖泥船爲之。又河道灣曲。船不便繞行者。則開灣取徑。以彼岸之泥。補此岸之灣。令船直行。此皆挖泥機器之力。治黃河所不可少者也。然黃河乂不可專賴此也。蓋黃河水流甚急。能將其底之泥抉起。則即順水流去。宜用汽船耙將水底之泥耙起。使隨水去。較工費尤省。一段一段。自下而上。愈深則河面自窄。夫然後可以言築堤岸矣。築堤岸者。即減河水之界限。以減陸地之界限也。而堤體最重要之事有二。一必使能當河水之壓力及風浪之壓力。二必使能壓堤內之沙。令外面之沙所含之水。與內面之沙所含之水。不相通也。近愛爾蘭海。有人曾見浪高十五尺。司低分孫論海口之書云。亞非利加此阿爾及大風時。浪動深至六十尺。蓋浪之高與速。依成浪後時之若干。并成浪後已過路之若干為準。其海浪之高大若此。西國尚建為海塘以成陸地。吾謂黃河築堤岸。宜照各國築塘之法。未有不成者也。試詳言之。一、壓水機器宜購置也。近來壓水机器大有進益。如開閉閘門之机器與起重架之机器。現在均用壓水之法。如起重架現在所能起落之重。幾乎無限。又如船隝與港內。令輪船速於起落貨物。尤為極要。所以設立汽機或壓水器。又其起重架必能移動。便於移至各船艙口。除非起最重之架係。暫時用者則。可不移動之。此物治河最爲利用也。二、水內做工之便法。不可不急求也。近來又設便當之法在水內做工。或用大泳氣鐘。人在鐘內。照常工作。或穿入水衣。出於鐘外做工。或用大筩入水內。能有法去水噴氣。令人在筩內做工。此各法俱爲便當。至若干深爲度即如海底築堤。從前祇能將碎石亂拋水內。被浪激動之。令其成應有之式。近來用一定之法。在水中做。更有把握。此治河尤爲利用也。三、風浪激刷之力。亟宜講求也。築堤固以當河水。而所當尋常流水。猶爲小事。因有風之時。則河水受風之壓力而成浪。浪受風之壓力。其行更速。從遠處而來。其激沖之力。非得極堅固之堤。則不能當。故所築之堤。其重與堅。不第於尋常時求之。必得於大風浪并水流急速之時求之。方爲有用之堤也。四、堤基不可不深且固也。河岸之崩裂。每由於水先刷穿其底。查黃河兩岸。俱爲垂直壁立之狀。此所以不耐沖刷也。今築堤宜照築 塘之法。臨河一邊、斜面。合式能令堤體穩固。此爲不可忽略之事。依水勢自然之斜度。及築堤所用之材料。如草木土石等類。其斜度略每寬三尺、高一尺。用此數作斜面。最相宜。若大於此數。則極費工料。小於此數。而河堤對面無遮蔽之物。則不足以禦河流之衝刷。五、堤體之厚數。不可拘泥一是也。沿河一邊。鋪石其厚與重無一定之數。必以浪行流衝之速率、與體積爲準。如河堤不過對二三里之水面。則水浪之來。亦不過行二三里。石厚八寸至十二寸。已足禦河水之衝刷矣。如英吉利愛爾蘭有數處大海口之塘。石面雖有三倍之厚。尙虞其不足也。如阿里特港之海面。其石每塊必重十二噸。小於此者。必爲浪所動搖。又如法蘭西舍婆爾割與馬緩勒兩處。有大石重十五噸至十八噸。此種皆爲護衞海口之用。而黃河作堤岸。亦依此比例而爲之可也。又堤工厚薄。必須斟酌得當。務使於方向位置水流之緩急一一關合交粘。須以破除成見爲是。六、堤之高度宜有餘也。河堤岸之總高。必依二要事。一伏秋大水所漲之尺數。二歷年所記極大水之高數。知極大水高數之界限。可定鋪石面高數之界限。又必問土著者。舊水至何處爲最高之限。必取其最高者爲準。七、方向曲直之當酌宜也。築堤之方向。尋常之人。不甚留意。不知此事關係甚大。此方向線。非但宜酌堤內地面之大小而定。又必知恒風浪與急流之方向而定之。最合宜之方向。不當與恒風浪急流爲正角之方向。而略與恒風浪急流爲同方向。且不可成一平行線。則必爲向內外彎曲之形。而以凸衞凹。其凸處不可成銳角。必帶圓鈍之形。水浪急流之來過凸、處即分散其力。而凹處不致受風急流之大力也。

十五。各物料築堤之利弊。　一用砂築堤。築堤材料。最難用者。最不足恃者。砂也。設用純砂築堤。則水流之衝刷。必被洗蝕。若糖粉之過水而化也。每洗蝕一次。必再令其聚合。無論築堤之砂。或溼或乾。時時消滅。乾、時偶遇堤之外殼有一孔。砂即漏出。被風吹去。溼時則漸低而成平面。可見用砂築堤。斷不可恃。然有時其地無別材料。則不得已而用砂。必增堤之濶與高。堤面或鋪韌泥。或鋪草面。或鋪重石。令人防守極嚴。偶有小傷痕。速即補之。然此法備而不用可也。二用韌泥築堤。韌泥較善於砂。雖砂之最合用者。亦不能及也。其體積可小於砂。堤而沿河一邊。斜面可更短。如鋪石於堤面。尚可略短也。此種材料。初挖起時。極濕而重。成塊形。每一手車。能裝若干塊。推至築堤之處。則將大鐵叉用力投之於應置之方位。每塊相砌甚緊。但乾時縮小。塊間必有裂縫。可用淤泥補滿。設所鋪之泥塊。不甚合法。令河堤之重。不足以壓緊。乾時。尚有裂縫。則沿河一邊。水能滲入。陸地一邊。鼠穴於中。其縫更大。若不速即補平。則水能浸入。久之堤爲水衝一孔矣。若用韌泥。與有粘力之重土。最要者堤必築之甚高。令其重與粘力。足抵急流之衝刷而止。三、用草木築堤。用積淤草木科以作河堤岸。頗爲合宜。淤時鋪好。粘力大而能相連。略成大塊。不易分散。然其弊亦復不少。因其質甚輕。必多加石料。且乾時亦有裂縫。水能滲入。又有一病。因積淤草木料。能枯爛變成黑土。但變黑土。必先久過空氣與冷熱等事。方成。故不致甚速。有人用以作塘後十七年取出觀之。毫無改變。此塘之上。鋪大石與礫石一層。深一尺至三尺。其方位橫當砂面海口而作之。因砂塘不足恃。故不敢用砂而用此也。四、用石築堤。有數處全須用石作堤。然石不能相砌甚緊。水能入流石罅。久之則塘亦潰。即如英國客爾那爾芬省之脫理埋陀地方所作大塘。因此未成。總之石料便於護衛堤之沿河一邊。而不便於爲堤之內質。且用石爲堤。經費極大。幾不能用也。五、用礫石築堤。用礫石築堤亦爲最好之材料。且尋常時極易得之。礫石之用甚廣。堤面鋪礫石一層。則成一路。人馬往來。堤底之砂。可以壓緊。堤之內面。亦加礫石甚妙。若將礫石鋪於大塊石之面。則可補平石罅。較之用灰等法。更能堅結。礫石不多用於堤之內面者。因堤內之材料。應有大粘力也。然未鋪石面之時。應先於河底打木樁若干深。次鋪礫石數寸厚。然後可以永固無虞也。

未完

大好河山
喪于膩粉
嗟我懷人
陟彼周作

國報第一號出版廣告

本報以指導國民獨立提倡地方自治爲主義對於現今政見一切皆爲根本之解决國家興廢得失之林國民强弱存亡之本解亂披紛如土委地拒亂正之奸言放誣民之邪說其需切於箴砭藥石其言重於九鼎大呂神州無直言久矣斯眞存亡救危之金科而富國强種之大訓也法理文辭文質彬彬現代雜誌中絕倫軼羣出類拔萃之作也

詩之士愛國之倫其以先睹爲快也夫

每册二角半年六册一圓一角全年十二册二圓

日本東京神田區仲猿樂町五番地

國報社啓

夏聲雜誌出版豫告

瀏覽中國四千年建邦史古代文明盛稱西北炳炳蔚蔚宏我漢京祖宗之光亦我同胞之榮也時轉勢移舊態全更比者日俄戰爭結果斯拉夫民族視線頓轉蒙彊隸於範圍陝甘危在旦夕破竹勢成全國是慮哀我秦隴尚安枕席大地河山鎖殘春夢黃河奔瀉而失聲華嶽滲淡而無色馬嘶邊草逐胡空憶廉頗之才人泣秦廷憂國徒灑包胥之淚同人鑒玆痛祖國之沈淪念桑梓之危急用是組織此雜誌月刊一册其主意在經營蒙疆防衛西北助我同胞之不逮而以開通風氣濟除弊俗**發揮固有之文明灌輸最新之學說鼓國民獨立之精神**爲宗旨競芳英各以所得爲社會益智棕爲國民導海鏡誠開闢西北之巨斧醫國聖手亦可藉此作病源論矣

第一期已脫稿不日出版閱者曷爭先睹特此豫告

晉乘廣告

本社六大主義一發揚國粹二融化文明三提倡自治四獎勵實業五收復路鑛六經營蒙盟議論精實深邃適非浮夸皮傅者所能企及其中研究國語闡釋古學者諸篇尤爲空前絕後之作文藝一欄更能滌舊革新獨樹一幟咸有裨益社會之文不類無關時世之作宗旨光明材料豐富誠文明時代無雙之饒將雜誌世界唯一之霸王也第二號出版後大受社會歡迎識時之傑有志之士曷一覽焉

日本東京神田區仲猿樂町五番地

晉乘雜誌社

本社及各支社代派各報價目表

雲南雜誌	月出一冊	定價每冊二角	定閱全年二元	半年一元一角	現出十二期
粵西雜誌	仝	仝	仝	仝	現出三期
四川雜誌	仝	仝	仝	仝	現出三期
夏聲	仝	仝	仝	仝	一期
國報	仝	仝	仝	仝	一期
神州女報	仝	三角	三元二角	一元七角	二期
豫報	仝	一角二分	六角五分	一元二角	五期
晉乘	仝	一角四分	一元二角	七角	二期
滇話報	仝	一角	一元	五角八分	二期

右開各報除神州女報在滬出版外其餘均係各省留東同人所組織如內地同胞有欲定購者可直函本社或向各支社交涉除一面掣付收條外當即由本社或各支社函令照寄此佈

本社白

神州女報社謹啓

本報之說。以開通風氣提倡教育爲宗旨。月出一冊。售銀三角。豫定全年三圓二角。內容豐富。印刷精良。凡我同胞。盍其來購。

總發行所　上海河南路南段　東來堂書局

發行所　上海福州路　神州日報館

仝　上海福州路九和里　月月小說社

仝　上海河南路　集成圖書公司

仝　上海河南路北路　科學書局

仝　上海新馬路　正利原公司

仝　東京牛込區久堅町二十七番地　天義雜誌社

仝　東京府下豊多摩郡淀橋町字角筈八十二番地　河南編譯部

時評

國民對內對外之唯一武器

重瞳

咄！咄!! 武器——！咄!! 咄 上稟——打電——舉代表

上列三大要件。皆我國現今學界商界所屢屢試行者也。各省之士。雖皆有不贊成者。然最後卒出此策。此策何策也。上策乎。胡無効。下策乎。胡爲多獲贊同者。沈思三日。弗能得。得矣。得矣。此策非策也。國民無聊之舉動耳。莊子曰。吾有待而然者耶。吾所待。又有待而然者耶。吾待蛇蚹蜩翼耶。嗟乎。諸君之爲此。何所待耶。

嘗見各省開特別大會矣。期前到處揭通告書。羅列諸欵。下揭說明。憤激嗚咽。幾於一字一句。俱是血淚。末聲不云急謀應付。便云速籌抵制。屆期會員紛至。彼演此駁。拳聲若雷。臨訖事之稍可從緩者。上稟是其結果、急則打電是其結果。尤急則舉代表是其結果。或稟電二者並舉。或三者齊舉。回數之多。契不能書。禹不能計矣。其獻始、亦不知在何年。大抵自壬寅法人欲代平桂亂、東京留學電稟政府、阻其隱謀以後。始多爰成一種習慣。延至於今。大被於學商兩界。往往因一事而上稟迭十。打電迭百。舉代表迭次。如前年山西礦務。近日蘇杭鐵路等事。皆然。以故在東各同鄉會、凡因政治上要件開會。吾等與其會者往往事前射得其策。以為此次之結果定是上稟。或謂當是打電。臨會、二者果出其一。相視而笑。若應舉代表之時。亦能權衡事之輕重。預測知之。然此為各同鄉會最後之武器。不輕出也。或一年一度。或數年一度。以為常。近日開會通告。因是三大要件、為開會必應得之結果。乃於通告書上、不言研究某事辦法。直書因某事上稟之件。或打電之件。或舉代表之件。若以為辦法已不待研究。只研究是三事、何者為今度應出之一。已足矣。以故省人腦力亦不少。蓋在東學生有進步然也。此一方面也。稟已上矣。電已發矣。代表已派矣。試就更一方面觀之。有力乎。收效益乎。諸君察視之可也。不待吾言。又稟迭十上矣。電迭百發矣。代表迭次派矣。有力乎。收效益乎。諸君察視之可也。不待吾言前列三者非對外也然皆由對外而生諸君不可謂不熱心要求政府或疆吏不可謂非下手處惜今之疆吏非疆吏今之政府非政府皆賣吾土地殺吾國民之人諸君之對外則誠熱對內則自誤其途也夫中國幅員四百萬方里人口四萬萬地居温帶天然之物產甲全球誠可謂據有富强之資者也黃禍之起白人誠非過慮顧誰使之一落千丈衰且弱至於此點乎曰政府與疆吏不啻衰且弱而已衰且弱惟僅國勢不自振而乃領土被割於人海岸被據於人路鑛被攘於人又誰使之浸微浸削至於此點乎曰政府與疆吏或曰政府疆吏不知對外方法爲外人所欺耳曰往事已矣邇來國民之紛紛擾擾囂囂嘈嘈上稟打電舉代表如見驪山之舉燧臨赤壁之燒兵駭愕奔走不遑寢食者非正爲呼告政府與疆吏之前乎藉曰不知何以壓制輿論禁止集會不許學生干涉政治之上諭屢發於外乎（近又連下二上諭）蓋政府與疆吏之出於賣吾土地殺吾國民之政策非誤於不知而偶一出之也明知之而殺之賣之也且即以殺之賣之爲其對內對外之唯一政策而笑聲孜孜以出之也諸君乎方且天長地久從事於哀號急呼若惟恐政府與疆吏之或爲頑石而不可

化而不知政府與疆吏轉因諸君之久事呼號不思變計而笑國民之陷於愚駑而無終極何也賣之不知也殺之不知也即或知之亦不過叩頭乞憐上稟打電舉代表如此如此而已

今試即三者之効力爲吾所親見者畧述於下

事急矣可奈何曰上稟上稟嘗見有淬精礪神窮數日光陰合衆人腦力以成一稟者修飾賴夫子羽潤色送之東里據往事推將來痛陳利弊如指諸掌讀之誠足令人痛哭流涕及訖事開封者再復讀者三愼之又愼然後付之郵遞且須保險以示鄭重遷延數月翹望若渴而稟去之後寂無回音於是遙託親明微伺各大衙門之動靜乃叩之號房則呆然詢之家丁則茫然若不知有此事者各省遞稟大率類此不知彼大官自收稟以來從未寓目即一寓目亦祗爲學生稟而輕之不屑理或一批焉亦視事之大小言之和平與激烈酌予申斥而已然年來亦有畧予似褒非褒之批詞者必其具稟有游歷官則其中或由同鄉京官助之力是特別非常例也故在東學生深曉此意凡當具稟必先求與援得與援則可卜其事之有效否則不過

徒作一篇文字而已。顧雖有奧援。而事之小者、關於一縣之學務。或一處之水災。則可蒙許可。若關於一國或一省政治上經濟上之問題。則雖瞻徇情面。亦不輕以相許矣。

上稟緩不濟急。打電打電。於是命枚臯擬電文以應急。遣桑弘羊出心計以籌欵。欵絀則增之又增。公攤至於十錢。電長則減之又減。閱者僅可會意。電既發矣。拭目延頸。日望復電之來。遲之又久。復電杳然。乃自慰曰。彼固不復電。但求彼爲吾省出力。不至利權外溢。已得。彼豈肯與我輩以電文來往哉。彼覩電文。悉其危急。勝於不知也。於是此唱彼和。由內地發起者。海外應之。由海外發起者。內地應之。電文交馳。紛披報章。長者短者。和平者。急激者。如五音繁會。閱之洵足增人國事之狂熱。而從事於學步。顧此事、內地與海外稍不同。內地多以打電爲訖事。海外則電發後、必繼之以有力之長稟。電發矣。稟上矣。彼大老見而怒者有之。見而笑者亦有之。怒者怒其越俎行干與也。笑者笑其徒爲是無關痛癢之言。溷人耳目也。然無笑與怒。要其置之不理則一。

稟已上。電已發。仍恐事與人不相屬。於是舉代表。直接交涉之。或辦理之。當代表既被舉之時。諸會員各勉強爲籌經費。經費稍足。代表者遂攜資急馳至本省。或赴京。求見各大老。朝謁之。則方寢。夕謁之。則已息。正午、則非有貴客在座。即方食。或適早外出。閱數日而復然。月餘而復然。欲永久伺候。則舂糧不能越宿。欲遽事歸里。則繰繭未獲就緒。於是百計鑽營。博得一見。而大老訑々之聲。早距人於千里之外。又倦容一臉。尤復令人不堪。寒暄未暨。而怒溢於色。蓋聶曰。『固去也吾向者目懾之。』奚待大施叱呵而瞋目相懾。已足令代表者潛出檢次矣。尚能委曲盡言哉。然代表中抗議力爭者。亦自不乏一二。要皆如前所言。係早服通職。巍然頂翎之人。彼不惜出一趾指之力。爲學界商界稍任其勞。而既許人以言。自不能不爲體面計。稍發議論。彼大老之重彼而願使盡言者。非因其爲一省學界商界之代表。仍視其有官位然耳。而學界商界見事之稍有成効。遂認爲彼所舉代表之力矣。究之代表二字之力與官之力與

吾草至此。吾忽生一感念。即熱心與無恥相近而易混是也

熱心者荷擔責任之鼓動機也功業之賴以發生者凡百英雄之賴以作成者凡百顧必以清高勵俗之品格行之始爲純正之熱心而不至鄰於無恥就生理學上言之則情緒發動與身體內部相感召懼與哀耶血管必縮小喜與怒耶血管必漲大。縮小漲大其表現於內部者皆熱。由是以推從愛國而生之喜怒哀懼熱心也。從趨利競名而生之喜怒哀懼亦熱心也。就心理學上言之由智之作用有所別擇既撰定矣。乃用其情愛之而必欲如願以償於是荷與此有關係者隨意所向以奔赴之。不達其目的不止是熱心也。顧愛國者此熱心趨利競名仍此熱心眞愛國者即以清高勵俗之品格行其熱心者也反乎此而趨利競名熱心則誠熱心而品格乃墮入於卑汚下流不堪振刷矣今諸君之上稟打電舉代表自是由愛國熱心而生何忍誚諸君以無恥。特其中不可不提出數語以賚國民之自勵何謂無恥國亡不知。恥也。知而不一呼救恥也。恥而不知恥無恥也。顧知國之將亡矣。知其將亡且呼救矣是有恥矣。呼之而彼不應且再呼之且三呼之十呼之百呼之千呼之而彼仍不應是彼既無恥矣。試思國亡在旦夕聽彼之不我應而因以亡我之國亡國之後我僅博得一呼救之名未嘗動一指之力抛一滴之血獨立實行援救之得非無恥乎百千呼焉而彼不應且壓抑之使我不敢再呼國亡者身隨之脈搏絕相關而乃使我絕口不再呼我而人也必將奮怒而撲殺此獠也乃卒瞪目相望縮頸伸舌如鷹隼之鎩羽於金飈遽歛翼於長林蓊鬱之中而不敢一展其凌風之翮橫衝掠過之世界上無論何國具國民之資格者皆不若是猥下也惟奴婢於主人爲然我國民乎前之受壓制何如矣今也薄言往愬逢彼之怒壓制更何如矣壓制輕尚敢因國之將亡而言呼救壓制重竟坐視國亡而呼救之聲亦不敢出諸口又不能脫去奴籍而一行抵制是非可恥者乎天下含靈無不知恥惟奴婢不然即知之而亦不恥之今我國民事事如此也吾何忍謂我國民爲奴婢獨是我國民平心自問今日果具有完全國民之資格者乎是我所仰天椎心而永自傷感者也彼肉食者流亦知國之將亡容容福厚抛去在昏曉乃索性爲是賣也殺也倒行逆施之舉以聊快其日暮途遠之天而我四萬萬人受其蹂躪墮落墮落至於世界之國民席上不容位置天下之最可切齒腐心者尙有過是者乎乃方且上稟打電舉代表依賴之根性

至死不肯剷斷賣我也不報之殺我也不報之一若前世孽因今生應得華報者而其中一小部分猶詡詡焉自許爲熱心也嗟乎此則熱心矣誰則無恥乎且諸君之競趨於上稟打電舉代表也豈其有他意與邇年以來士習彌漓以平民之資格與平民之資格關於政治上組織之小團體年數十起每不綿結而易解散即不解散亦渙然各流於放任是何也一則無利之可逐一則有害之須避故不足動人繫戀之熱而各出肺肝以相納自非排脫俗情平雅純深之士鮮不互相冷遇者惟以指導國民爲名而隨順官場爲實則如蠅逐臭如蟻附羶羣馬奔赴之有膠漆之固結焉而是等之團體復因與官場直接交涉乃聲明其宗旨發表其手段而不諱若以爲此正大光明過於他之團體也吾誠不堪其羞何也彼等之宗旨敢於聲明手段敢於揭出者原非有特出之點彼之宗旨順乎官場而生者也手段助官場爲厲者也其聲明而揭出知官場中必不禁止之故耳如立憲者官場中從早揭破者也要求者官場中愛聽者也以是揭櫫而行於中國謂之從官場之後逐其泥而揚其波則可以是爲正大光明是凡依附官場等事皆得以正大光明命之矣吾於是爲若

輩披露一言曰凡以立憲爲宗旨要求爲手段者皆伺官場之動機而爲之也彼非眞以是爲宗旨爲手段不過因是得直接與官場交涉且能取悅於官場而暫冒之耳諸君中有醉心若輩者乎想亦非愛彼之宗旨及手段直愛彼之團體得直接與官場交涉而且能取悅於官場也以是爲愛凡直接可與官場交涉又足以取悅官塲之團體宜無不愛之以是爲愛凡直接可與官場交涉又足以取悅官塲之事宜無不爲之且永遠爲之而成爲一種之新習慣非愛人及屋之謂也爭名者附於朝爭利者附於市勢之必然者也今茲之上稟打電舉代表得勿即其似者乎在昔作俑之夫何嘗非迫於愛國之熱誠而試爲之者謂夫行政實權猶在政府政府對外雖着着失敗我警告焉彼苟能用吾言猶可以救亡國較之國內起大變革事半功倍於是不惜以皓皓之身稍蒙溫蠖而偶一呼焉或再呼焉既不見應則察其無可轉圜乃急改道而就他救國而已何事株守此爲初不意積久成風至於今而上稟打電舉代表者徧國若飲狂泉也雖然諸君爲此縱自詡爲熱心吾卒不敢許爲由愛國而生何也諸君誠愛國千呼百呼而彼猶不應萬不能以呼之二字了事而必

實行他法以對付掌握行政實權者對付之法即莫要於去舊而布新胡爲諸君不肯變計出此直至聲嘶淚竭彼已厭聞叱責之聲頰抵於面而猶哼々然不知置其滑涽也想諸君中必有多數人以爲彼雖惡聞吾聲而不足以取悅彼然此固猶可直接與官場交涉吾輩宜抱此絕策勿失於是遇一緊要問題仍是稟也電也代表也如春蝶之亂飛秋螢之齊明令人目不暇閱耳不暇聞諸君乎得勿有視此爲無害而競逐其中以釣名者乎得勿有視此爲有利易與官場爲夤緣而因亦可以得官者乎吾壹不知夫諸君之果有此意否也第願諸君之內自省而有則改無則勉勿播此傳染病於現社會使一般國民皆以一呼字完其責而將亡之國終斷送於現政府之手更無人焉從其未亡大施變動於國內以拯救之也若然則諸君之不爲賢於其爲也或謂百呼千呼彼縱不應吾不絕望是則所謂熱心萬一能聽吾言。距非幸事吾謂萬一之望未事要求之先可作也業已百呼千呼不可仍作此癡想矣淮南子曰土龍致雨土龍者像龍也像龍猶可致雨彼政府者蝃蝀也諸君乃昧昧焉祈雨於其前噫將不至金石流土山焦而不止諸君試繙近案以觀晉礦何如矣蘇杭鐵路何如矣西江警權何如矣此皆本有利權但希保存勿失尚且要求不可得況政治上之根本大問題肯容國民置喙乎夫勿視此盈朝朱紫之爲乃聖乃神也東園之桃梗水至則漂之彼袞袞者彎卷倉囊亂天下者也外兵猝至我固灰燼彼亦化爲司牖子耳矣諸君以何因緣而必視爲巍巍然想諸君本愛國之心而因以愛及此袞袞者與須知此國家者非即此袞袞者更非即此袞袞者之國家彼袞袞者自以其身即國家日謀其身之權力發達而即以爲國家之權力發達故對內則施壓抑施威殺蓋不壓抑不威殺本身之權力無從發達也對外則以媚爲宗旨以賣爲手段蓋不媚不賣本身之權力發達上卒有障礙也是在政府之自爲其本身謀也固然奈之何我眼光銳利之諸君偶一昧於觀察而亦從而認之以爲此袞袞者即國家且從而擁衛之而祈禱之如禱於陳寶以求其一鳴也諸君或以爲當此存亡危急之秋國內起大革命將召外兵之至馴至於不可爬梳不如因現在政府稍施匡救以求國基奠定不可動搖然後合全力以對外則國既可保不亡而國內流血之慘亦可避去故懸跂方針而委蛇於奎蹄曲隈之中是所以踰千百呼

號永不絕望也是亦迫於愛國之一段心理而仁人之所爲也顧觀其實則貤謬至於千里何也諸君所慮者所謂談虎色變者也獨不觀我國過去之歷史乎阿片之役國內無行革命者也中日之役國內無行革命者也庚子之役國內無行革命者也義和拳之排外亦由政府使之　惟洪楊大革命之時英法聯軍入京是爲稍可牽合附會者然亦不過適値其時彼英法之所要求僅通商條約因我國之守閉關主義而然耳非眞有意乘我國之內訌而謀瓜分也如欲實行瓜分何必乘閒抵隙而後爲之直調大兵而謀占據我中國本部屬部何者敢抗其顏行乎故慮因國內大變革而召瓜分者無異杞人之見也彼欲瓜分則徑瓜分之几上之肉待刀劃之自由臠割耳彼不欲瓜分我國雖有大革命彼直視與尋常內亂等何也彼自利益均沾上有未解決之問題而列强之嫉妬心未趨於平故也若今之時勢則誠大異於前矣無形上本部屬部皆已劃裂分配於各國以入其勢範之中有形上各國所占領者亦浸浸有日謀擴充之勢如蠶食春葉由邊而將達於裏也然要皆現政府之斷送於人者也由現政府之手能斷送之能收回之則諸君之抵死要求可謂不虛此舉然以現政府

之能力能將前所斷送者完全收回乎且不啻不能收回而已能保其不再斷送吾利權乎已失者既不能漸次收回未失者復不能保其不再斷送噫嘻吾昨夜夢童子羸而轉歌國其亡乎乃諸君無可如何仍濡需卷婁日訴之於上稟打電舉代表諸種要求之事詩云遡徊從之道阻且長諸君方欲爲其易而不知適以爲其難也且山雞猶自惜其羽毛矣諸君乎籌欵難派人難容易者惟作文字耳奈何不自惜其心血而浪灑於無用之地不知從事於吾前所云對於掌握行政實權者之簡當直捷的去舊布新之方法以救將亡未亡之國乎風濤日險歲聿云暮老樹婆娑生意將盡國民國民其有意乎其乘時乎若不然而但弊弊焉上稟打電舉代表不爲獨立救國計其終也卒無所得第博得亡國二字縱諸君自以爲熱心然亦不過生爲啼血之杜鵑死爲塞海之寃禽而已矣其如神州陸沈之夢已入魔化何耶

猛衝冠怒起

是誰弄的江山如是

寶豐汪令攫錢之大奇術

仇頑

寶豐縣汪令寶堂者。不知何途人。或謂其先販夫。觀其政蹟。倘非謔其攫錢之術。或謂爲巧。或謂爲拙。吾謂不得以巧拙言。當謂之奇茲陳其崖略。以共賞鑑。當知其奇

寶豐一般迷信。喜事神。寶堂即提倡修廟。修廟則得攫錢

一般人民喜赴春會。寶堂乃於例會外。又發起許多春會。春會必演戲。演戲則得攫錢

一般富豪喜捐官。寶堂乃四出勸捐。童生則令其捐監。監生則令其捐佐。違命即遞其衣而杖三百。捐官則得攫錢

縣中學堂。自丙午三月開學。至丁未四月。仍無教員。寶堂絕不延請。蓋有教員則欵項有所發落。無教員則欵項皆爲寶堂私用。而攫錢之術償

地保素善訛索。寶堂察悉其情。乃令四鄉種官柳。又陰縱牛羊損害之。借以誣

詐富紳令賠巨欵地保不用命則逼之至死用命則攫錢之術償寶豐土匪素繁自寶堂蒞任更增十倍彼治之不能乃嗾衙役陰與勾通行刼奪土匪感其德亦陰有所獻此其攫錢於土匪者

獄訟古有金贖之例寶堂乃事事皆訊爲金贖金贖則重罪可爲無罪否則無罪亦成重罪以故富人犯罪莫不金贖此其攫錢於罪犯者

然如梁清之伯母自縊寶堂强斷以爲梁清勒死者梁清不能出錢彼無可攫故也

又如鄧某因萊費被催逼縊死者亦以不能出錢寶堂無所攫故也

寶堂尚有極可令人捧腹之歷史亦與錢相關連者三事

（一）有賣糭爲業者寶堂給而食之不給値賣糭者叩之彼大怒謂汝縣父母汝當供給速掩而口否則杖且罰金

（二）驢夫者、最貧乏者也寶堂見驢足而生羡乃乘其購煤以使用私錢責之罰加色驢夫急謝罪乃免幾至以驢償

第　貳　期

(三)寶堂子年十六。風姿秀潤。彼乃陰令佻撻博厚利後竟爲人孌嬲家丁李某。亦以與其事被逐焉。

言至此吾不忍以更端進矣復言則汚口採錄則汚報

仇頑曰所謂寶堂者予識之彼具有官品完然人也獨惜其愛錢耳雖然彼不愛錢亦不能演此奇術

世之演此術者多矣幾徧河南百十州縣幾徧中國然以視寶堂猶爲平平獨寶堂尤奇耳

仇頑曰人民對於政府負擔租稅政府對於人民保護其生命財產此兩方各應盡之義務也今不惟不能保護反縱此狠如羊貪如狼之官吏戕賊之刦掠之噫壹何政府之不仁

既而思之惡劣政府固應爾爾觀其今日賣礦明日賣路此關乎中國存亡者彼尚毫無顧惜何有於寶豐一縣之生命財產

特吾國人民際此時期上有野蠻政府下有豺狠官吏外逼列强之蠶食形促勢迫

生計日艱死亡在朝暮猶不知倒戈相循向死裏以求蘇甦是則憔悴虐政至於如此也或將來之更甚於此也皆吾國民之自取咎戾耳夫復何言

第貳期

將軍有齒嚼欲碎

將軍有眼血成淚

生爲將星死爲厲

盡是山川不平氣

小說

冒險小說 海上健兒

英國們麗德著
馥忱譯

第一回 試航海偷別慈闈 訂雇約誤投鬼窟

我乃航行印度商輪的船長。出身微賤。又沒有甚麼才能。狠覺着自愧。然而這幾年來。海洋中的舟子水夫。知道我的姓字的狠多。到處頗受人的歡迎。這亦是我意想不到的事情。然我亨受這點名譽。全是從千辛萬苦九死一生裏頭得來的。豈是容易的麽。我們英國是個島國。所以英國人多靠着海洋為生活。我就是其中之一人。囘想數十年前。我登船航海的時候。恰是十三歲。那知道遇人不淑。人其面。鬼其心。獰猛兇惡。殘忍無比。幾幾乎置我於死地。幸而遇救。始得再見天日。此後與猛獸戰。與强敵戰。與飢寒戰。與海洋戰。區區性命。危於一髮。每想起從前的事情來。眞是令人不寒而慄。然人能於死中求生。每可以不死。而怕死的往往不能全其生。請看官想一想。我這話說的對不對呢。古人嘗說不敢冒大險的不能成大功。古來英雄豪傑。所以能建不世之功。名成莫大之事業的。必得先排萬險除萬難。掃去眼前的魔障。拔去前途的荊榛。乃可以合眼放步。獨往獨來呢。我自從十三歲以後。就天天在那生死關頭上過日子。倆說危險不危險呢。然亦幸而有這一番的閱歷。纔能殼到了這個地位。亦算是不幸中之大幸了。我把我從前冒險的事情。對着大家詳詳細細的說一說。或者亦可以作個少年的榜樣。

我家夙稱小康。父母亦都康健。兄弟們亦狠和氣。若說家庭的幸福。我亦算佔全了。然而年幼的時候。不知世途的危險。不聽父母之敎訓。全仗一股子盛氣。就跑到船上去。想我從前出門的時候。不知道父母怎麽樣的傷心。兄弟們怎麽樣的難受呢。這不孝不弟四個字。我亦百身難贖。百口難辯了。想到這個地方。眞是生不如死。自悔孟浪。然而大丈夫乘長風破萬里浪。見所未見。聞所未聞。亦算人的一輩子第一快心的事情。若是埋首家門一步亦不出。庸庸而生。昏昏而死。豈不是父母白生了我麼若是這麼說我雖不能告無罪於父母兄弟亦聊可拿這個話兒解嘲罷我少時最好船一切的玩具無非是船上的東西嘗自想道若是眞個到了輪船海船飛行於海洋中間天空海闊任意往來見些個奇怪的事到些個鳥飛不到的國還不知道怎樣樂呢父母因着我喜歡船見我有不如意的時候就與我說些個海裏的東西船上的笑話我聽這些話立時就喜歡了過了幾年漸漸的大了知識亦漸漸的開了父母恐怕我中了船癖將來若是眞當了水夫誤了前途丟了性命是最可慮的於是船的笑話就不與我說想着把我的心轉到別的方面上去那知道人的性質是最奇怪的東西若是一有了先入爲主的事情無論用甚麼法子亦是拔除不去的古人常說少成若天性俗語常說秉性難移這些話是一點不錯的所以父母無論怎麼呢責我勸導我我的身子雖在家裏我的心是天天在船上的這怪不怪呢這樣的性質原不是得自父母的遺傳然亦有些原因我家就在海邊上住孩提的時候母親時常領着我到樓上看海把窗門一開就覺着另是一個天地渺渺茫茫一望千里輪船的瀛笛如獅吼虎嘯的一樣小船的帆檣如樹林子一樣當天

朗氣清風平浪靜的時候。船舶如鱗。遊人如蟻。眞是神仙似的。常常看這些風景。於是航海的嗜好。遂成了第二的天性了。到了六歲遂入小學堂又過了幾年認的字漸漸的多了。書上的道理。亦漸漸明白了。學堂的功課。於地理一門最爲留心。功課的餘工夫。就買些航海談旅行誌冒險記等書讀之手不釋卷常常忘了寢食到禮拜的日子。邀着同學的們往植物園動物園裏遊玩。所最愛看的。就是外國的奇花異草珍禽怪獸等物。可惜椰子菩提樹等樹不過數株獅虎鱷魚鸚鵡諸動物皆拘囚於檻內總覽着心裏不滿足嘗對人說印度南洋阿非利加等處混沌未鑿之處甚多其中生長之動植各物必有爲見聞所不及書傳所不載者如能到那些地方一遊開開眼界實地調查那纔算男兒的壯遊人生的眼福呢我有一伯父名薩夫爲商船船長性情溫厚。於諸子姪中最鍾愛我。每次歸家之時。必集合諸子姪們。圍爐夜話。凡得之閱歷得之見聞的。全都說給我們聽其最愛說的。就是海上冒險的事情或是難船遭遇暴風。漂流於絕島地方。或是誤入荒海。與海賊打仗。或是於驚波駭浪裏頭。攻擊沙魚海馬大鯨等物。或是碇泊荒島與虎狼獅熊等賭生命。往往談起這些事情來連飲食全忘了。其中惟獨我最愛聽。每聽到快意之處即不覺手舞足蹈骨鳴肉動起來然而自己沒有親眼見過無論說得怎麼樣的天花亂墜總覺着似眞似假將信將疑的於是乎航海的念頭越發勃勃不可遏止了。然我雖有此莫大的希望。而父母終不許可。以此看起來非背着父母偸着出門恐終身亦沒有達此目的之一日。至十二歲時。此心愈決。得便就到碼頭上去。見有貌似船長者。即自白己意。詢其傭雇撥役與否。概皆以我年紀太小。不得父的許可。不要幹這危險的事誡我。如是者年餘。終不能如願而償。亦惟自歎運命不佳。不能酬我的壯志罷了。一日又到碼頭。忽遇一偉丈夫。以傭雇撥役詢之。伊畧將我的來歷問了一問。頗有喜色。遂告以船各邦多拉。何日開船。何日何時。於何處相待。愼勿誤時。說罷伊即去了。我此時以爲幸逢知已達將來的目的。酬最後的希望。全靠在此人身上。然少不更事。於世途之鬼蜮。人情的險詐。毫不知覺。但以爲事既遂意。即是眼前的幸福。不顧前後。不計利害。到了約定的日子。即躡脚潛踪的出了門。一溜烟就跑到了船上。上船不多時。船就開了。此時水聲艣聲甚覺淒涼。反觸動了離緒回父母久不見我回家。一定往各處搜尋。及尋我不着。一定猜我偸着跑了。對着茫茫的海天。頓足嘶聲大呼威利威利（此我之乳名）那知道不孝的兒子已竟離岸數十里了。想到此處。不知不覺的落了數行熱淚。這一天爲我航海的第一回。去岸未久。即覺船身搖蕩。頭暈目眩。大吐不止。就如翻腸倒胃的一樣。方信暈船是人生最苦的事情。在上等艙室裏的客人。有牀榻可以躺着。有一伺候着。遇見風浪。尚且苦的難堪。況說我年紀甚小。初次上輪船。沒有地方可以歇一歇。又沒有朋友服侍一服侍。不過在那船尾不碍事的地方。東倒西仆。引頸嘔吐罷了。船長見我暈船。就以爲是個無用的棄才。隨口亂罵。氣忿忿的踢了我兩脚。當這個時候。哭又不敢哭。嚷又不敢嚷。心如刀割。眼淚倒流。想起自己從前父母怎樣的嬌養。兄弟們怎樣的友愛。因着自已過於任性。弄到那個田地。受這樣的苦楚。於是把數年來固結不解的航海熱心。頓覺一時冰冷。到了次日。頭暈漸漸的好上來。脚亦可以踮得住。强打着精神。跟着大家在船面上整理東西。又過了幾天。把船上人的性情。就稍微的知其大概。船長性最殘忍。待人涼薄。酒量甚大。日在醉鄉。喝醉了以後。其容貌尤其可怕。使喚下人的時候。少不如意。張口就駡。舉手就打。像我這樣孤立無援。日居其傍。看官請想。還能有好處麼。再說上船不久。操作不慣。不能得船長的歡心。無論甚麽事辦壞了。或是別人的錯處。亦沒有不責駡我的。船長的相貌。亦狠奇怪。背低而高。兩肩下溜。四體頗長。頰肥耳小。獅準豺聲。初次見面的時候。以爲是個性情善良的像貌。後來經了多年的實驗。纔知道凡具有此等面孔的人。沒有不殘忍酷薄的。這就是我當初望着他扶持提携達我目的的大恩人、總算我有眼無珠就是了。副船長的性情。比船長稍好。然其隨聲附和。專揣摩船長的意思。船長說可以。他亦說可以。船長說不可以。他亦說不可以。凡事大概如此。其相異的地方。副船長不好飲酒。且膽子甚小。船長喝醉的時候。往往言語不遜。事多失禮。副船長每隱忍之。及見船長辦了殘忍的事。他就蹙額縐眉。頗有不以爲然的意思。此外更有一事務長。庸庸碌碌。無所短長。其稍微的與一般水夫不同地方。不過略有點指揮命令的權力。此下有一大工。性嗜酒。其鼻頗似船長。廚房的廚夫。乃一黑奴。容貌極醜。與鬼無異。觀以上五個人。其餘亦就可想而知了。我天天與這一群人相混。這就是入人間的活地獄了。初來的時候。船長曾拿着一張紙。教我簽名。就是我的契約書。其中所定的條約。幷不令我看到。後來聽得說。纔知道是五年長期的契約。雖說是船上役撥役的契約。其實是當奴隸的契約。這五年裏頭。與這樣人面獸心的人相處。任意打罵。隨便使令。生殺懸其掌握。功罪隨其喜怒。契約既定。已竟受了法律上的束縛。還有甚麼法子解脫呢。這就是我數年以前。夢想海上生涯的好結果。無論被他怎樣的虐待。亦不敢逃。就令能以偸着逃了。亦就身敗名裂。難以再見人世。一旦被獲。還得身受重刑。別的國裏。又沒有隱身的地方。往後一想。眞令人心如死灰。我屢次想着自殺。以了此生。幸而我幼時浸漸的宗教心甚深。所以雖當艱難險阻的時候。尙能以自持。然亦危的狠了。船長的汚辱虐待。實係一言難盡。而一般水夫的淩虐。尤覺耿耿不忘。我本是背着父母出來的。衣服被褥。及一切金錢行李等物。皆未帶來。至今尙是穿着學校的制服。戴着制帽。無晝無夜。就是這一身衣裳。到夜間歇息的時候。各水夫皆睡在牀架上頭。每一牀架。概爲二人。幾幾乎沒有餘地。想在牀架上橫臥。誰亦不許可。然而在下邊。又不能睡。地板之上。小便汚物。淋漓狼籍。臭氣刺鼻。無可奈何。遂覓一極冷極潮的牀角。合一合眼。靜一靜神。那里能以高枕而臥呢。自己又不留神。夜裏伸足翻身的時候。往往碍着別人。常被人推下來。有時大家嫌我碍事。不許我進屋裏去睡。只得覓一避風的地方。局縮一夜。亦算是苦到極端了。到了白天。勞働起來。沒有一刻間工夫。凡船上極辛苦極骯髒的事情。全是叫我去辦。名爲撥役。其實乃船長副船長大工等之奴隸。至於一般水夫。無不承主人的意旨。侮辱我奴隸我。而黑奴之厨夫。綽號名叫雪王的。見主人虐我。遂以爲白種不甚可貴。亦非人人全自由。於是亦漸漸使用我起來了。天天在這一羣牛鬼蛇神的人底下。度這奴顏婢膝荆天棘地的日月。一定是違背父母教訓的天罰。不然我亦是個頂天立地的男子。何以竟受這些惡漢的凌辱蹧踏呢。當初伯父薩夫常常拿着那無頭無腦的冒險事業。航海的快樂來歆動我們。惟獨我中毒極深。所以今日落在九幽的下層。咳。我的天性執拗。於人何尤。總是我命數不齊。入世太早的原故。然而古人常說。苦盡甘來。轉禍爲福。或者是上人故意教我。歷這人世的折磨。嘗這無窮的苦辛等我骨幹堅强。精神完足。然後令我就坦途。乘時機。以達我生來的志願。亦未可定

出了一會神忽又轉念道既陷在這魔鬼巢窟裏生死還不知在何日這種癡想豈不是作夢麼（未完）

第貳期

我心匪石　不可轉也
我心匪席　不可卷也

小說

指南公傳奇

虞名

第一齣　舉義

〔蝶戀花〕〔外古粧上〕茫茫禹甸鑄金甌沙漠小醜腥羶污神州鎡石肝膽生來有不指南方死不休　顏舌張齒嚴將頭血淚翻湧滌盡乾坤垢可恨逆賊呂范流匍匐往飲匈奴酒

〔鷓鴣天〕眼看銅駝燕雀羞東風花柳自皇州白雲萬里易成夢明月一間都是愁　白起臺仲宣樓漢冠纖縷無人綉杜鵑枝頭聲聲啼空餘血淚向天流

老夫姓文、名天祥、表字宋瑞平生恪遵母訓弱冠擢第狀頭每恨朝無正士野多逸賢猛士無人邊防不力致使賀蘭山谷的醜虜暗渡陰山策馬中原蹂躪我土地殺戮我人民窺伺我神器不數年來胡塵滾滾腥臊遍地大好河山同桑榆之晚景神皋禹跡等落花之片片眼看衣冠淪於夷狄犬戎升夫御床一髮千鈞勢如累卵俺雖手無斧柯滿腔熱血誓非種以必鋤務腥羶之蕩盡因而散盡千金。招募吉贛壯士。聊爲孤注一擲。成者共賀太平。敗則同歸於燼。

（問介）家員（雜扮僕人上介）侍候。（外）前日草檄招募義勇。至今可齊集否。

（雜）待小人重往查看一番再來報告。（雜下）（貼急上報介）稟爺爺。祖太夫人絕氣了。（外驚介）怎的一時不見病勢。竟沈重至此。（急入內看轉囘介）哎。這都是不孝孫無行無義。累及我祖母了。罪大惡極。此身何逃。（大哭介）（收淚介）時到如今。殮殯之事。也顧不得按照古禮。只好喪盡其哀罷了。（喚介）長班。（丑上）有。（外）收拾棺槨。快行葬禮。（丑）是。（扮作四長班 抬棺具繞場下）（丑上）稟爺爺。三尺馬鬣封土已就。（外）待俺告祭一番。（跪哭介）我的祖母呀。

（掉角兒附入）楚歌中江防正籌羌笛裏鐵騎欲驟那料到風吹黃花早則是日罨寒岫八十年兵燹苦歷半生蓼綷痛如一昔風僝雨僽倏倏兩世荒荒一邱（想見呵）先大夫泉壤相待哭聲咽幽

祖母葬事。草草已畢。今當往赴國難。待俺向後堂拜別老母。（外下復上介）素聆母言件件記憶。適纔回堂拜謁。還勸俺爲國盡忠。應以身許。俺想匈奴未滅。無以家爲。自古稱爲名言。當此危急存亡之秋。俺只得移孝作忠。國而忘家。秉鐵心之一片。灑血淚以千斛。拚命做去。死而後已。這也是吾母一番用意了。但是母子之情。怎好割捨。

（前腔）悲溫生絕裾。不猶慚萊子承歡。弗久從此後吳霜楚月。歷若些山驛水郵。誰知俺傷死別魂既慘。哀生離腸復斷。命與鬼謀（藐藐此身雖說備歷悲境。然迫於國事。莫敢自由。死者不能致祭。生者不能爲養了）長別慈萱遙訣。寒楸則偕要尋起國恨捐却家憂

古云陵母知興。今我母諄諄勸俺如此。倘由俺手擊退北賊。撥亂反正。重奠宋朝一統天下。這也是千古的一段美談了。但不知天道如何。果肯爲吾華造福否吹、儞看五十年來啊

（前腔）寵嬌子虎牌氈裘。布厄運百六陽九。孤怜々一馬南渡。哀愴愴兩宮北狩。到今日胡塵黑引朔風。塞雲黃掩漢月。蹂躪江頭半壁河山。滿天鵂鶹。或他日哭死

界河三光含愁

〔雜上急報介〕稟爺爺人馬已招齊三萬了吉贛士民悲祖國沈淪憤索虜淩辱人思敵愾踴躍從軍又是王師北上崆峒麥熟快請升帳傳令整領進行〔兵士作繞場遊介〕〔外觀兵介〕不料有宋南朝國民尚傾心至此想是愛國之情出於天然

〔前腔〕〔備看他〕俠烈烈似子房報仇義凜凜似祖逖驅寇洒舊恥三宮九廟鞭中行嬰頸函頭到那時讀中興第二碑入紫虛稱三了壯志滿酬精金大宋燐火賊酋怎說到傷心北府遺恨東州

衆位兄弟既然熱心救國不顧身家想是春秋大義華夷之辨箇箇明白也不消俺多事曉諭了現今時機一髮萬難逗遛請與衆位兄弟約定明日早朝會齊晌午出師各須抖擻精神以破釜沈舟之志爲背城借一之舉〔兵士齊答介〕得令〔兵士納喊三聲介〕殺……殺賊……中國萬歲〔成行列下〕

〔尾聲〕〔外〕擲鉛槧換兜鍪素衣白馬報國仇襯貼他八千子弟勢赳赳〔下〕

文苑

春日登樓有感　啓明

閱江樓記大風歌　袞袞英雄逐逝波　朱建皇明劉建漢　東南天子氣何多

感懷二首

傾國成城事也眞　興亡得失總無因　世間最是不祥物　惟有英雄與美人

成王敗寇分優劣　豪傑奸雄混古今　道德不尊尊法律　文明面目野蠻心

勸國人勿笑韓人

齒寒自古痛亡脣　道重親仁與善鄰　箕子爲奴吳亦沼　天涯同是可隣人

自題寫眞二首

大禹文身遊裸國　武靈胡服入秦庭　欲恢佰業殲夷虜　留取勳名煥汗青

脫冠仗劍氣從客　相對無言却笑儂　千古知音華盛頓　出爲飛將退爲農

讀華拿傳書感

共和專制各終塲。美雨歐風送夕陽。讀罷華拿兩雄傳。田園荒島亦淒涼。

得家書喜生子二首

濟世安民志果酬。延年益壽荷天休。江東自古多靈秀。生子何須羨仲謀。

過門不入泣呱呱。千古爭誇禹女夫。我亦歸家曾未久。居然筮卦得中孚。

詠蘇武

仗節匈奴十九年。牧羊不與自由權。單于無計降蘇武。空使飢餐雪與氈。

詠狐

欺人善媚最無良。篝火驚鳴詭託詳。幾見虎威憑汝假。升來御座也當陽。

即事詠櫻花

燦爛芳櫻遍四圍。自由花發倍生輝。東風漫道春台送。卻恐西風促汝歸。

官場果欲如何耶

自新蔡寃獄起吾固知今日以後政府於河南學務必盡力摧拉也頃接內地訪函云『新蔡諸令已於十一月十四日撤省官場有爲諸運動撫憲者謂該地紳士刦犯傷勇竟將官撤任則此後州縣難做』云云

噫、新獄顚末已詳誌前報孰曲孰直不待再辯惟對於『此後州縣難做』一語令我讀之勃然心動蓋此一語足以代表官場之用心亦足以代表政府之用心矣夫官場之出此言豈不以爲寧殺盡學紳無傷官吏之淫威乎諸令敗壞學務誣陷學紳而其罪僅及於撤任官場不謂懲諸之過輕而謂州縣之難做試問官場如此又何以令人爲學紳乎官場並不問事理惟求摧殘民气而後快則是無時無事不可以出其苦辣手段特學紳是其一方面耳紹興之獄、及於女子、近來

汴省某商店之獄、及於商界、

夫政府與百姓其心內之界限固早分明雖賣路賣礦屢見迭出然其口頭固未敢直言與百姓爲難也今所云州縣難做則試問州縣何以好做自必謂摧殘民气而後州縣始好做也如此則政府與百姓勢不兩立而政府先自處於敵人之位置矣若是者固無怪當今志士之所奔走呼號矣

寶豐縣天足會之發達

中國纏足之風不知倡於何時相沿至今流毒無窮斷筋折骨慘無人理致使人體孱弱種族衰頹以四百餘兆之衆竟不能有一健兒起而一振國徽嗚虖其所係豈淺鮮哉豫省風氣閉塞鮮有慮及此者寶豐李存智、姬龍官、劉燮、何恩榮、諸君痛慨此種惡習力矯此弊于丁未秋創立一天足會開會演說勸人放足每與里人相遇即痛陳女子纏足之苦百方開導不避唇焦舌敝人非木石終有感觸刻入會者已有數十餘家事無難爲有志竟成只要大家能堅忍做去打破積習則這種惡劣障魔自不難一日蕩掃矣

纏足惡風肇於隋唐盛於南宋淩波羅韈貼地蓮花其始不過淫君戲弄宮女

之具。其後遂爲社會風俗之大患。相沿成習。忝不知耻。至於今日。尤且甘而飴之。至愚極陋牢不可破。庚子之役。燕津一帶積屍橫野河水皆赤驗厥屍身十有九女至於淫掠之慘言之尤爲傷心余曾作燕薊之游叩其婦女皆知纏足之苦。故現在放足之風北方特盛計天津保定通州灤州一帶天足會不下數十區。會員已達萬餘而寶邑地居腹省未受外驚李姬諸君熱心同胞不避唇齒倡立斯會雖目下人數無多吾知其必日見發達從此影響所及不特寶邑姊妹之福我全國女子亦有幸焉

寶豐縣演說會之成立

寶豐來函云近來學界中有志之士創立一演說會每禮拜日開會一次其通告書錄於左

嗚虖今日我中國人民欲生存於二十世紀競爭之舞臺非人人皆具有愛羣之熱誠。結成一大團體不可。欲人人皆具有愛羣之熱誠結成一大團體。非使人人具有愛羣之知識不可。欲使人人具有愛羣之知識。舍學堂報館演說會其道無由而學堂報館皆非經濟不辦且學堂需款既多而入學者一縣之中萬不得一報館之效

較學堂少著而不識字者仍不獲益演說僅憑三寸之舌足以喚醒同胞啓牖民智此演說會之所以不可一日緩也夫以吾寶學界之一般赫赫諸公矯矯羣彥其平昔之所以昂然自命者遇事豈竟甘居人後哉豈眞爲旁人所誚謗毀詈而不一動於衷哉吾寶僻處山谷父老兄弟老死不出都市旣不知世界競爭之大勢又不知中國存亡之大計悠悠蕩蕩羣相嬉謔沈沈酣睡反以不談時事以自高雖有一二激昂慷慨之士痛亡國滅種之慘禍近在眉睫憤世之極轉生厭世之觀專持痛恨主義不能極力勸諭忠告善道其自待固高然其對於同胞之義務究爲未盡假使自今以往父老兄弟大小老幼相與提携勸告一聞演說爭相奔走吾知較之懷抱隨和高自位置者必有益也此區區之苦衷即吾寶演說會之所以成立也（下畧）

按是會倡辦諸君已煞費一番苦心矣葢寶邑居深山之中以地理學論之其有保守性質亦所應爾惟是京漢鐵路旣通信浦方在議中縱使自願保守其如人不我許何倡辦諸君見義勇爲不避艱難尙望努力前途有始有卒南鄙一隅端賴諸君矣

汝州某某學堂教習張士衡蔡鎭藩之劣跡

張蔡皆光山人。在鄉遇事朋比爲姦。相互依爲羽翼。欺詐愚氓。霸佔婦女。自勢爲孝廉。莫我誰何。一時橫行一縣。見者爲之側目。勢燄太盛。遂不見容於鄉。張蔡自知罪惡貫盈。恐遭意外之禍。連夜奔往省城。藉課大梁。後來適張之舊學東□□知汝州事。張遂極力鑽營。謀得該州中學堂教習。當張赴汝時。蔡與某直送至南門。臨別謂張曰。『□□□□□處□債。我代償之。苟發財。勿相忘』豈意張一到汝。又畜城內暗□□□。所得薪水。盡於此處揮霍。蔡屢次函催。而張始終無一回字。蔡旣在省刻不能容。急遁汝州。張即招之爲某學堂漢文教員。蔡大感謝。張復得其羽翼。終日花天酒地。常三五日不上堂。又令其所畜暗□之弟入堂受課。全堂學生譁然。大動公憤。然以某某勢力甚堅。無可如何。後因該生月考分數總是格外崇異。常列優等。學生遂益爲不平。大起衝突。自此某某與學生遂大懷意見。一日某某游馬班。與學生相遇。即大斥學生不守學規。然自知理短。亦不敢過事壓制。現其女眷又移堂內。噫。此。可謂河南學界之一大奇聞矣。

夫學堂教員如此不足怪。蓋其禽獸行爲已久。始習終安。遂不自覺。獨怪汝州學紳何以對此不發一言。然則吾知汝州學紳之用心矣。蓋恐招新蔡之獄。遂目擊學務之腐敗而一聽之。不敢發一語也。如是者吾將罪政府之蹂躪學務而不學紳之是罪矣。然而吾又怪有專責之視學官何以亦毫不加聞問也。嗚呼。自新蔡之獄起而人人視學務爲畏途。自今以往吾恐河南學務永無可望矣。是則誰之咎歟。是則誰之咎歟。

誌寶豐招股事

自江浙鐵道問題發生以來。民氣勃張。波動江表。嗣道路傳言。又有以信浦代蘇杭甬之信。此風一播。吾豫人腦蒂中。忽遭一大打擊。于是倡言招股自辦者。日凡數起。而寶丰一邑。風氣號稱否塞。自得此信。某君等遂大集紳學各界。開招股會于城內高等小學堂。演說利害。語極沉痛。聞者至爲涕下。故是日入股者頗形踴躍。下至厨夫。亦相將入股。近聞已招至六千餘股之多。誠可喜之現象也。

又伶界汝聲班者。名素著。頃經某某志士等運動。告以中外時局。彼等愛國思想。油然而生此次路事風潮起彼輩除自認百餘股外兼逢場演說入股之利與不入股之害聞者每爲動容近復擬將舊劇一律改良並屢懇某君等將鄔湯二君殉路事演成劇本以便開演而振人心某君等佩其熱心特製一『熱心時事』之匾額以贈之亦鼓厲人心之一道也

記者曰以上所誌內地近事凡數則吾觀之使吾腦筋冥忽昏瞀靡知所極不識其爲悲抑爲樂也蓋自悲觀一方面觀之則所謂官場也縣令也教員也皆吾國所謂上級人物而社會之嚮導也乃賣國營私貪財無恥既如彼吾國安得而不亡反而自樂觀一方面論之則所謂優伶也厨夫也皆吾國前此之所謂下級人物而爲社會所羞稱者也今乃傾囊入股熱心愛國如此吾國又烏得而不强前者政府之表現也後者人民之動機也前者爲壓制的階級的後者爲共和的平等的是二種人物其性質絕對不相容乃不幸而並處于今日之中國非立一仆一技何所施乃妄者欲調融而混合之是雜薰蕕而一黑白也是迷之郵也雖然召亡也圖强也國人于此將胡從

滑邑士民之公敵

頃得衛輝訪函云自信浦路事發現後衛郡學界無不震動當由首邑發起拒欵會連結九邑誓以死爭獨滑邑士民聞風先起屢議集會研究以爲將伯之助不意高等小學總董尙愼修教習王江洲郜純古等爲官作倀從中沮擾竟使首倡諸君一片熱誠盡歸於無有因之學界同人大動公憤業已公函詰之力攻其去再定進行方針云玆揭其原函如左

(上畧)滑邑一僻陋鄉耳舉凡措施俱皆腐朽而學界猶在十八層地獄之下竊念公等以品學兼優出而問世吾滑邑學界一綫之光明即惟公等是賴公等之責任何其大而吾邑父老兄弟之希望公等者抑亦深且至也迺公等設帳以來毫無見白且崇拜官吏壓制學生近日對於路事復加阻撓窺公等心理蓋無非以奴隸性根顯之夫信浦路權問題凡吾豫同胞無論士農工商皆曉然路存國存路亡國亡路權所在即民權所在莫不痛心疾首誓死力拒惟滑邑呂劣令相儈非牛非馬獨具肺腸首倡議反對而公等婢顏奴膝視劣令之意向爲轉移以劣令之喜怒爲哀

樂劣令不准學生停課開會糾衆演說公等即嚴禁學生告假劣令不准學生干預路事公等即迫令學生辭辦事員事劣令不准省中勸股員寓高等小學堂公等即速告勸股員移居劣令不准學生立自治會公等即杜絕學生開會劣令必學生一律上班受課公等即催打點上堂劣令之一言懍嚴如諭旨震慑如雷霆而全校可敬可愛可希望可眷戀之高等學生爲支那將來主人翁反視爲一文不値嗚呼奴隸哉公等牛馬哉公等公等豈別有心肝耶抑公等非支那種類耶抑公等爲數百脩金戀戀不忍去耶浙江蘇州之水夫北京上海之妓女皆素嗜新聞紙時聽演說對於蘇杭甬路權之警聞咸目眥心裂慷慨捐輸吾豫雖素稱智不如南勇不如北何意以袞々諸公或爲勸學總董或爲高等小學教授其人格反出於南北洋水夫妓女下耶公等縱喪心病狂不爲社會計不爲學界計不爲個人名譽計獨不爲自己之良心計乎雖然某等之作此言非故難公等妄肆苛責也誠以公等資格在文明國雖無容足地然赴越南牛馬套印度奴隸圈尙綽綽然有餘裕公等固不必自暴自棄裹足不前某等爲公等忠告望即整行囊接淅而行三日不能至五日五日

不能至七日則某等庶幾臨風拜送不勝待駕之至(下畧)

記者曰。觀函內所陳尙王郜等之罪狀攻之允且當矣惜乎其不早也查悉伊等行迹。罔非庸碌無耻之輩。王郜等素不知學甘爲人患當今文明教育時代。仍襲舊時學究惡習。每升堂授課。輒責學生背誦不從則責令當堂罰跪。妄施夏楚。此其恣橫有令人難堪者尙某爲本邑巨室王某爲郡中孝廉。素以奴隸性成。視爲當然。每逢呂令來校。伊等衣冠出迎。且使學生甬道而立。如門丁皂隸之擁護。此其挾勢有過辱士儀者禁止學生自繇集會。深恐學生違其意旨。有礙其私。特遣其心腹丁殿生者。密查齋舍。潛聽人語。以致學生各不自安。多欲退學。此其弄奸幾攘巨禍者（丁本邑之無賴爲前任教諭鄭某走狗鄭某革職後無所適從乃依教員王江淵等謀得一初等小學教員故伊等賴爲腹心舉機密要事以付丁焉）前該邑學界。擬立學會。遞稟縣令及省學使。伊等本謬列發起者之列。後訪知呂令不悅。遽倒戈相向。百方爲沮。并遣人赴省垣沮攔呈稟及運用學務公所。乞爲壓服一切。此其反覆行同狐狸者嗚呼此其罪雖有蘇張之舌難爲之辯護矣惟是彼等固不足責滑邑者滑邑人公有之滑邑非彼等所能專擅是養癰爲患者得非該邑士民忍辱之過歟不然則早日逐之去寧有沮擾路事者耶今事已若此復聞彼等恬不知恥猶戀戀不忍去熱誠如滑邑學界諸君子不知將何以對付之也

第 貳 期

訪畫

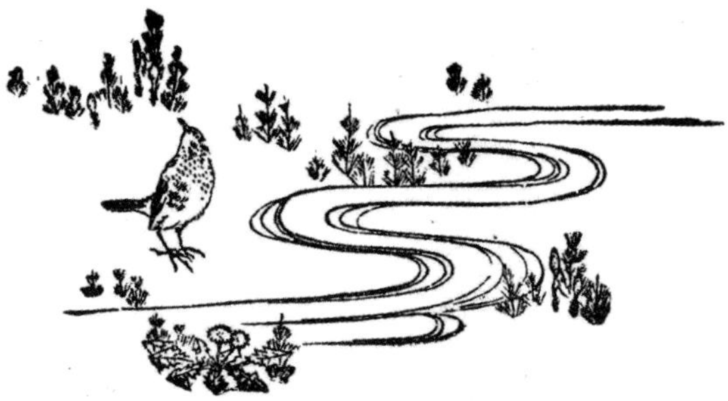

雜俎

雜筋錄

文明國之乞丐

病餘。偶至大森。遙望陳君天華蹈海處。頃間。一乞丐至。壯貌魁偉。懇余。余訝之曰君。習知日本武士道乎。曰知。曰知之。君胡不類若是。且貴國文明。民康物阜。君如此。非文明玷乎。彼聞言若甚怒者。答曰。君肉眼。不足談天下事。余驚其言。急叩其詞。彼曰。鄙國文明。君認可乎。以僕覩之。實野蠻未開化國。何文明有。余曰何。彼曰。鄙國未維新前。僕嘯聚綠林。爲梁上君子。有奮起草澤。風行一世之概。及維新後。警查滿布。僕遂休業。不數年。室若懸磬。一貧如洗。妻憐之。典當一空。爲僕置一人力車。以資餬口。及電車四達。僕之車竟無人問津焉。逐日鵠腹。形容蕉悴。老母無俸而終。堂妻子厭貧而去。幃君思之。文明乎。野蠻乎。吾知君必以僕之無行也。豈知二十世紀之舞臺非平民之舞臺實貴族資本家之舞臺君可伏義金念唇齒之邦同種之情給僕數十錢僕組織一社會革命雜誌號招天下余笑應之曰數十錢能組織報乎彼曰六大洲人數總計五二二〇九六一四一六一五八一九三八九之多持社會革命主義者大約三分之二一八十錢以三分之二計之豈但社會革命即地球他種革命亦無不可余壯其言遂給日圓半塊

歡迎立憲

某省有三鄉愿者其子俱在小學校一日聚首談心甲曰昨日閱報見他省歡迎立憲者諸同志可乘此時開一會以附和之乙順口而言曰閣下何出言不愼若此以今州縣之多而復欲立縣是殃民之舉耳破壞不足何歡迎有甲未及答丙從傍誚之曰君未閱報乎憲者藩憲之憲非州縣之縣是立憲臺非立縣令也丙言畢乙羞愧無地甲站立、用兩手按乙丙肩笑而言曰二君皆差矣讀聖賢書所學何事以此憲字尚難冰釋乎聽弟引經訓以解二君之惑詩大雅云文武是憲以文王武王爲憲者也尚書說命云惟聖時憲是以聖人爲憲者也其他無然憲憲憲憲令德萬邦爲憲。此憲字載於聖經賢傳者。不可勝引。今朝廷立憲。是明明尊文武崇聖道也。此不歡迎。更何歡迎者。甲言畢。乙丙甚佩服其寶學。於是竭力組織一歡迎立憲會。登之報章。甚有名焉

殺同胞

某留學生歸國。同里有宦迷名待詔者謁之。扼腕而談曰。君子遊海外。歷有歲月。其識見之高尚。量非井蛙者比。大概於功名一途。必三折肱焉。請明以教我。生譏之曰。君無殺同胞心。不足語此。彼曰何也。生曰君不聞曾李張袁乎。曾李以平捻平匪之功。位至將相。張袁以殺新黨之能。爵至宮保。捻匪新黨者。皆吾同胞也。吾故曰君無殺同胞心。不足語此。彼聞言頷之若甚有心得者。遂揖別而去。遲數日有人夜半叩生門甚急。生倉惶被衣倒履。啓門視之。知爲待詔者。生曰。夜深駕臨。有何見教。待詔曰。門外非談心地。請入內室言之。至內室。未及坐。待詔曰。昨領君教。今日試辦矣。言之若甚難出口者。生曰、請畢其詞。待詔曰。人皆有同胞。吾獨無此。正天限我上進之路也。然幸有堂兄者素狡猾。且與我妻有苟。昨日飲之鴆而死矣。此可謂殺同胞乎。

待詔言畢。生神色倉惶而言曰。眞否。待詔曰。眞眞。則送汝命矣。待詔聞言。如霹靂當頭。身潛九淵。跪而泣曰。君教我君害我否。生曰。前言戲之耳。且同胞之義甚廣。不止兄弟之謂。四萬萬皆同胞也。今君因食醋而殺同胞。自謂南山捷徑。天下之愚有如此乎。待詔不答。惟跪而懇祈。生曰。兄淫弟妻。兄謂亂倫理當殺。君可自白。尚不失爲豪傑。待詔知祈之無益。憤憤而去。白之官。

自大

中國有某省人。素壯行大言。一日閱報。見觀雲論中國存亡問題一篇。內載有中國人體魄之弱。於行路見之。每遇西人於道。則欲趨欲進。遁避不惶。閱畢。遂掩卷自負曰。何鄙同胞之甚若此。彼丈夫也。我丈夫也。吾何畏彼哉。一日應遊歷之選。由大姑乘般東下。未搭船先。在大姑散步街市。遙見一西洋軍士。昂步而行。相遇於道。此生不覺動夙昔自負之心。振刷精神。目上視。亦昂步而行。至摩肩而不少讓。軍士大怒執佩劍打之。數四。此生痛楚難忍。不得已避於道傍。口自語曰。太甚太甚。西人不解其語。復迫而打之。此生歸棧。自悔曰。觀雲之言誠驗矣。雖然當改數字。於行路見中國人體之弱。實於行路見中國之弱

第一期正誤表

祝發刊詩內　鹵亦寒……共君擊筑話悲酸

頁	行	字	誤	正	遺
一	二	七	塗	途	
九	一一	二七	比	此	
二五	九	二○	三	二	
三一	一三	五	辨	辦	
三二	一一	三一	黨	常	
三三	二	三	萬	衍文	
三三	六	一七	鎖	銷	
三三	六	二○	○	○	會
三三	一三	一	問	閒	
三五	六	一六	務	勢	
三七	七	一八	已	亡	
三七	一○	九	惟	推	
三八	八	五	無	亦	
三九	三	三○	凡	亂	
四四	一	二	即	及	
四五	一三	二九	亨	亭	
四六	六	六	圉	固	
四九	一	八	○	○	壞
四九	六	一二	○	○	鑊
四九	九	二三	若	衍文	
四九	九	三○	顧	顧	
四九	一一	二○	教	刼	
四九	一一	二三	亨	享	
五○	三	八	君	民	
五○	三	一一	民	君	
五○	六	二一	怡	恰	
五六	一三	一	鄉	卿	
七八	四	七	之	文	
七八	一	一八	雲	河	
八○	九	二	稔	捻	
八○	九	一九	稔	捻	
八五	六	二三	挐	擧	
八七	四	三二	○	○	糅
八七	一一	二○	進	造	
八八	三	九	如	衍文	
八八	四	三	冠	寇	
八八	五	一	冠	寇	
九二	五	二六	役	設	
九三	一○	八	盡	盡（精）	
九三	一一	五	者	諸	
九三	一三	二○	時	特	
九四	一	一七	屆	屆	
九四	一	二八	狀	次	
九四	六	一一	肆	肄	
九四	九	二六	祝	紀	
九四	一三	三○	深	探	
九五	四	一一	列生	衍文	
九六	六	二○	比	此	
九七	二	二四	大	似	
九七	二	二八	○	○	為
九八	一二	二四	八	人	
一一三	九	一一	趨	趣	
一一四	三	一三	○	○	耳
一一四	一○	二八	輙	輒	
一一四	四	一四	住	佳	
一一四	一三	二一	日	曰	
一一五	一	二四	放	故	
一一五	一	二六	趨	趣	
一一六	三	七	椽	橡	
一一六	八	三二	○	○	余
一一七	三	一四	問	固	
一一七	五	一○	欲	亦	
一一七	七	二	以	所	
一一七	七	一五	且	且	
一一七	九	一○	○	○	自思

頁	行	字	誤	正	遺
一一七	一一	一八	○	○	爲
一一七	一三	三〇	○	○	之
一一九	六	九	今	適	
一一九	六	一六	○	○	去
一一九	六	一七	○	○	矣
一一九	一三	二一	○	○	兒
一二〇	一〇	二五	○	○	也
一二一	二	三	○	○	斯丹
一二一	四	一八	○	○	乎
一二一	四	一九	○	○	來週
一二一	五	二	○	○	也
一二二	二	三〇	愴	蒼	
一二二	四	三	○	○	者
一二三	五	一六	當	約	
一二四	八	一九	萩	荻	
一二五	一二	八	考	老	
一二五	一三	二八	患	慽	
一二七	四	六、七	飄	颻	
一二七	六	一七		牖	
一二七	七	一七	結	絕	
一二七	八	二五	競	端	
一二八	四	一五	答	岑	
一二八	一一	一九、二〇	呆	朵	

頁	行	字	誤	正	遺
一二九	八	二三	忌	若	
一二九	一一	二一	層	曾	
一三〇	一一	二〇	顯	顧	
一三一	九	一二	擾	繞	

英文正誤表

頁	行	誤	正
八六	三	Stammesglschichte	Stammesgeschichte
同	同	Ontogonie	Ontogénie
同	一三	Gauklerler	Gaukler
八七	二	Vesalins	Vesalius
同	同	Enstachins	Enstachius
同	四	dinne	Linne
同	七	beo	leo
同	一〇	Armtn	Arten
同	五	Cmuier	Cuvier
九〇	五	Gean	Jean
九二	五	Selektious-theoric	Selektions-theorie
同	同	Tarninismus	Tarwinismus

簡章

第一章　定名及宗旨

第一條　本報爲河南留東同人所組織對於河南有密切之關係故直名曰河南

第二條　本報以牖啓民智闡揚公理爲宗旨

第二章　體例及辦法

第三條　本報體例分門編纂次序如左

一圖書及諷刺畫　二社說　三政治　四地理　五歷史　六教育　七軍事　八實業　九時評　十譯叢　十一小說　十二文苑　十三新聞　十四來函　十五　雜俎

第四條　如有特別事項在前條所規定之範圍外者可臨時登錄

第五條　本報設經理二人編輯繙譯會計書記庶務監察各一人均自盡義務不別享權利

第六條　本報爲消息靈通起見內地特設調查員四人訪事員若干人
第七條　河南省城內設總派處一所不惟擴充本報銷路其東京所出著名雜誌均約代派以期交換智識
第八條　本社內設繙譯一部其東西洋所出之最新科學及時事等書均擇要漢譯陸續出版以餉學界其詳細辦法有專章
第九條　本報月出一册至少登足一百二十頁定於陽曆每月朔日發行决不愆期
第十條　凡代售本報至十份以上者九折三十份以上者八折郵費在外報貲按期滙付三期未清即行停寄結算

第三章　撰述員及經費

第十一條　報稿除社員擔任按期出版外其本省及他省諸君子有與本報宗旨相同者均可自由投稿
第十二條　同志惠稿一經本報登錄即以本期報奉酬若能按期投稿即以撰述員相待每期另有特別酬金

第十三條　本社所有經費均尉氏劉青霞女士所出暫以二萬元先行試辦俟成効卓著時再增巨資以謀擴充

第十四條　無論海內外有熱心志士願表同情慨捐本社十元以上者奉酬本報全年五十元以上者五年百元以上者永遠奉酬並將姓氏登錄報端以表高誼

附　則

第一條　本報編輯所附設於河南編譯部在日本東京府下豐多摩郡淀橋町大字角筈八十二番地通信者請逕投彼處

第二條　本報發行至一年後有臨時增刋一册設事關緊要則即時付刋以快先覩

本報之十大特色

世界上神聖不可侵犯者莫如**軍人學生**吾國同胞中凡有**軍人學生**定購本報必於規定價目之中**特減一成以彰優待**特色一

機關不靈則時事莫詳本社於通都大邑要埠名鎭均訂有**訪事時相函**

告復特派調查員數人遍行遊歷加意採訪　冀以發潛闡幽
毫無遺憾特色二

學非專家所見終屬隔膜言苟不文行之烏能致遠本報於所定門類均延請　科
學精深識見正大之名士通儒按期擔任選述特色三

炊而無米則巧婦束手戰而乏餉則名將灰心本報經　劉女士出貲鉅萬
既有實力以盾其後庶幾乎改良進步駸駸焉有一日千里之勢特色四

天下最足使人油然動其　興觀羣怨之感者其滑稽之繪事乎本報每
期必就社會腐敗狀態宦場魑魅情形時局危急景況列强經營跡象　繪成十
數幅插入報端庶觸於目者有所動於心特色五

風雲變化瞬息萬狀今之外交　亦多類是英法日俄四國之協約成而吾國危
亡之勢迫本報每期必於最近中外交涉事實詳爲譯論以供有
心人之研究特色之六

豫省地濱大河文明發達最早歷史所產人物又最多其餘韻流風猶有存者本報每期必採錄軼事摹仿故跡極力發揮 表章以存國粹特色七

路礦者吾人之生命財產而各國野心侵略之第一目的物也本報於礦地路線調查詳明繪圖立說指陳利害庶皆知 集股自辦利權不至外溢特色八

愛國之人自愛其鄉里始本報於豫省全圖及各 府縣分圖 均以次登出並將山水土產人物事蹟明確標識彩色燦爛形勢活潑則指顧之間珍貴保守之念或自生乎特色九

一譽而人知勸一毀而人皆懲此淸議之責也本報持論之際是非必關其大好惡一採諸公決不以個人喜怒謬加褒貶亦不以瑣屑事故浪費筆墨特色十

敬告醫學諸國手

脚氣　僂摩質斯　神經痛

右三症之病源。要皆基於淋巴經路。

一右三症之學說上。如有闕疑者出而相叩。則無論何人。拙者敢本學理以說明之。用酬垂問之意。

一如于右三症之療治法。遇有疑竇。可偕患者一同來院。則一面療治。一面說明方法。

一如于拙者之說。欲爲辨駁者。祈將姓名住趾。與卓見並登報端。或直接賜敎。亦無不可。

府下豊多摩郡內藤新宿町大字三丁目五十八番地

日原淋巴病院長　日原繁三郎

副院長　日原研次　謹啓

電話番町一一〇九

淋巴新療治

一脚氣　一花柳病痔病

一僂摩質斯　一內科一般

一神經痛　一外科一般

右所開諸症。無論如何危急。亦無論如何久醫罔効者但來本院。皆可以最新獨創之療法。將此患掃除淨盡。眼科及內外各科。皆聘有專門醫士。以便分科療治。眼疾特殊顆粒性結膜炎黴毒各期。皆精製特別著効新藥。以無痛療法。使其除患。濕性、乾性、惡性等脚氣。即至將衝心與既衝心之時。若一經本院獨創之療法。無不起死回生。醫僂摩質斯與神經痛諸症。（分急性慢性黴毒症各期。）不但能去其疼痛。並將其關節諸筋之癈疾。亦拔去其根株焉。如因患慢性之症。而關節已生異狀者。（即殘疾不能屈伸之類）用此新法療治。亦可全愈復元。

外來之患者。僅取相當之藥價。診察施術諸費。不索分文。

診察時間　每日午前午後均可往診　入院隨時

大淸國公使館囑託醫

東京豊多摩郡內藤新宿元三丁目五十八番地

日原淋巴病院

仝西大久保仲百人町

日原病院出張所

平民科學

此書爲日本社會主義名士幸德堺久津諸先生所着共六巨册第一第二現已出版其聲價之高已風行一世無俟再述現經本社譯成不日出書凡我同人想無不以先睹爲快

本社謹啓

國內代派所

河南開封西大街	大河書社
同　許州城內南街	福裕通
同　鄭州火車站敦睦里	鄭州派報處
同　滎陽縣西街	高等小學堂
同　鞏縣	勸學所
同　修武城內	印川生
同　尉氏後新街	閱報室
同　光州北城興賢坊	濬智書社
同　信陽州	師範學堂
同　彰德城西小治鎮	高等小學堂
北京	公慎書局
同　炸子橋	豫學堂
天津日本租界	利亞書局
同　北馬路	官書局
保定	北洋官書局
上海福州路	神州日報社
同　虹口	中國公學
同	正利厚公司
同	昌明公司
同	羣益書社
山西省城	敎育總會
同　橋頭街	晉新書社
同　解州	第一織紡公司
西安南苑門	公益書局
三原東門裏	存惠堂書局
涇陽涇干小學堂	揚風軒先生
涓南	勸學社
同州東街	郭文選君
四川成都	安定書屋
緬甸	生利昌
貴州省	黔南書局
湖南常德府	德生富
思茅	天足會
四川省城	四川雜誌支社
重慶	同
雲南省城	雲南雜誌支部
同　昭通府	廣聞看報館
同　永昌府	新聞縱覽社
同　騰越廳	公學會
同　大理城	義豐泰
同　下關	福全臻
同　臨安府	中學堂
同　箇舊廠	元興昌
同　蒙自	萬瑞號
同　曲精府	興順祥
同　鎭雄	州學署

請看一看

告白

本社開設東京市神田區中猿樂町四番地承辦所有鉛印石印照相銅印等項耑用瓦斯GAS機器印刷極爲明晰四方　賜顧者請移　玉到本處面議可也倘或　賜函則敝社員造府趨謁面訂亦可

帝國出版協會

秀光社

SHUKOSHA.

No. 4. Nakasarugakucho Kandaku.

TOKYO, NIPPON.

請看一看